税務のわかる弁護士が教える
税理士損害賠償請求の防ぎ方

弁護士・税理士 **谷原 誠**[著]

ぎょうせい

はじめに

　税理士は、税務に関する専門家として、独立した公正な立場において、申告納税制度の理念にそって、納税義務者の信頼にこたえ、租税に関する法令に規定された納税義務の適正な実現を図ることを使命としている（税理士法第1条）。

　そして、主に税務書類の作成、税務代理、税務相談などの税理士業務を受任し、税理士業務に付随して、財務書類の作成、会計帳簿の記帳の代行その他財務に関する事務を業として行う（税理士法第2条）。

　ところが、その業務の過程で過誤があると、依頼者に更正あるいは修正申告が発生し、過少申告加算税、延滞税、重加算税等が賦課されることになる。そして、依頼者は、これらを損害として、税理士に対し、損害賠償を請求することがある。これが、税理士に対する損害賠償の典型的なパターンである。

　株式会社日税連保険サービスによると、税理士職業賠償責任保険の保険金支払状況は、2013年度に7億4,600万円、2014年度に11億5,600万円、2015年度に16億8,000万円ということで、年々増加傾向を見せている。

　税理士に対する損害賠償が争われた過去の裁判例を見ると、明らかに税理士のミスと思われるものもあるが、中には、税理士が適切に自己防御をしておけば防げたのではないか、と思われるようなものもある。

　そこで、本書では、税理士が税理士業務を行うに当たって、如何にして損害賠償責任の発生を防止したらよいのか、について検討する。

　第1章で税理士に損害賠償責任が発生する法的根拠を説明し、第2章では、裁判所が税理士の損害賠償を認めるかどうか判断するためのアプローチや注意義務の類型について説明する。そして、第3章では、判断のアプローチ別や注意義務の類型別の裁判例を紹介する。第4章

では、過去の裁判例を踏まえ、主に業務の証拠化による税理士損害賠償の防止法を提案する。最後の第5章では、それでも税理士が損害賠償請求を受けたときは、どのように対処すればよいのか、について解説する。

　税理士が防げたはずの損害賠償請求について、損害賠償責任を負わないために、本書が一助になれば著者にとって、これほどの幸せはない。

平成30年3月

谷原　誠

■目　次

はじめに

第1章　税理士の損害賠償責任の法的根拠
1　税理士が損害賠償請求を受けやすい理由 ………………………… 2
2　税理士が損害賠償責任を負う法律構成 …………………………… 4
3　損害賠償債務について支払不能の時 ……………………………… 14
4　懲戒処分 ……………………………………………………………… 16

第2章　税理士の損害賠償責任の判断の枠組み
1　税理士の損害賠償責任判断のアプローチ ………………………… 18
2　契約が成立しているか ……………………………………………… 20
3　業務範囲 ……………………………………………………………… 22
4　注意義務の程度 ……………………………………………………… 25
5　注意義務の類型 ……………………………………………………… 28

第3章　税理士に対する損害賠償請求の裁判例
● 契約の成否が問題となった裁判例（その1）……………………… 44
　　　　　　　東京地裁平成12年6月30日判決（TAINS　Z999-0066）
● 契約の成否が問題となった裁判例（その2）……………………… 48
　　　　　　　東京高裁平成7年6月19日判決（TAINS　Z999-0009）
● 業務範囲が問題となった裁判例（契約書が存在する場合）…… 52
　　　　　　　東京地裁平成24年3月30日判決（判例タイムズ1382号152頁）
● 業務範囲が問題となった裁判例（契約書が存在しない場合）……… 57
　　　　　　　東京地裁平成25年1月22日判決（判例タイムズ1413号373頁）
● 業務範囲が問題となった裁判例（横領発見義務）……………… 62
　　　　　　　東京地裁平成28年5月18日判決
● 注意義務の程度が問題となった裁判例（業種判断）…………… 66
　　　　　　　東京地裁平成13年10月30日判決（TAINS　Z999-0059）
● 注意義務の程度が問題となった裁判例（証憑確認義務）……… 70
　　　　　　　山形地裁鶴岡支部平成19年4月27日判決（TAINS　Z999-0113）
● 注意義務の程度が問題となった裁判例（調査義務の程度）…… 75
　　　　　　　東京地裁平成27年3月9日判決（TAINS　Z999-0160）、東京高裁平成27年11月19日判決（控訴棄却）
● 税理士に慰謝料の支払いが命じられた裁判例（適用喪失）…… 81
　　　　　　　東京地裁平成16年3月31日判決（TAINS　Z999-0097）
● 税理士に慰謝料の支払いが命じられた裁判例（守秘義務違反）……… 84
　　　　　　　大阪高裁平成26年8月28日判決（判例タイムズ1409号241頁）
● 説明助言義務違反が問われた裁判例（その1）…………………… 92
　　　　　　　東京地裁平成24年1月30日判決（判例時報2151号36頁）

- ●説明助言義務違反が問われた裁判例（その2）・・・・・・・・・・・・・・・・・・・・・・96
  　　　　　前橋地裁平成14年12月6日判決（TAINS　Z999-0062）
- ●説明助言義務違反が問われた裁判例（その3）・・・・・・・・・・・・・・・・・・・・101
  　　　　　千葉地裁平成9年12月24日判決（TAINS　Z999-0019）、
  　　　　　東京高裁平成10年11月9日判決（TAINS　Z999-0037）
- ●説明助言義務違反が問われた裁判例（その4）・・・・・・・・・・・・・・・・・・・・106
  　　　　　東京地裁平成15年9月8日判決（TAINS　Z999-0083）
- ●有利選択義務に関する裁判例・・・・・・・・・・・・・・・・・・・・・・・・・・・・・・・・・・111
  　　　　　神戸地裁平成14年6月18日判決（TAINS　Z999-0052）
- ●積極調査義務に関する裁判例（その1）・・・・・・・・・・・・・・・・・・・・・・・・・・114
  　　　　　東京地裁平成22年12月8日判決（TAINS　Z999-0133）
- ●積極調査義務に関する裁判例（その2）・・・・・・・・・・・・・・・・・・・・・・・・・・118
  　　　　　東京地裁平成21年10月26日判決（判例タイムズ1340号199頁）
- ●法令調査義務に関する裁判例（その1）・・・・・・・・・・・・・・・・・・・・・・・・・・121
  　　　　　東京地裁平成26年2月13日判決（TAINS　Z999-0145）
- ●法令調査義務に関する裁判例（その2）・・・・・・・・・・・・・・・・・・・・・・・・・・125
  　　　　　那覇地裁沖縄支部平成23年10月19日判決（TAINS　Z999-0127）
- ●法令遵守義務に関する裁判例（その1）・・・・・・・・・・・・・・・・・・・・・・・・・・128
  　　　　　東京地裁平成10年11月26日判決（TAINS　Z999-0047）
- ●法令遵守義務に関する裁判例（その2）・・・・・・・・・・・・・・・・・・・・・・・・・・132
  　　　　　大阪高裁平成10年3月13日判決（判例時報1654号54頁）
- ●第三者からの損害賠償に関する裁判例・・・・・・・・・・・・・・・・・・・・・・・・・・139
  　　　　　仙台高裁昭和63年2月26日判決（TAINS　Z999-0002）
- ●税理士法人脱退に伴う裁判例・・・・・・・・・・・・・・・・・・・・・・・・・・・・・・・・・・143
  　　　　　東京地裁平成26年4月9日判決（TAINS　Z999-0150）

第4章　税理士に対する損害賠償を防止するために

1　税理士職業賠償責任保険（※2018年1月現在）・・・・・・・・・・・・・・・・148
2　契約書による税賠防止法・・・・・・・・・・・・・・・・・・・・・・・・・・・・・・・・・・・・・153
3　証拠化による税賠防止法・・・・・・・・・・・・・・・・・・・・・・・・・・・・・・・・・・・・・165
4　債務免除による税賠防止法・・・・・・・・・・・・・・・・・・・・・・・・・・・・・・・・・・・168
5　チェックリストの活用・・170
6　職員の教育・・・171

第5章　損害賠償請求を受けたとき

1　発覚の端緒／174　　　　2　事実を確認する／174
3　証拠の収集／175　　　　4　法律通達、裁判例の検討／175
5　更正の請求、錯誤の主張、事業年度の変更／176
6　弁護士、保険会社への相談／178

第1章

◆

税理士の損害賠償責任の法的根拠

第1章 税理士の損害賠償責任の法的根拠

1 税理士が損害賠償請求を受けやすい理由

　税理士が依頼者から損害賠償請求を受ける場面を考えてみたい。税理士が依頼者から税務代理業務の委任を受け、税務申告書を作成提出した後、依頼者が税務調査を受け、修正申告が必要となったり、更正処分を受けることがある。この場合、追加の納税が発生し、あわせて延滞税や加算税、場合によっては、重加算税などが課されることがある。

　依頼者からしてみると、正しい税務申告をしていれば延滞税や加算税などは支払う必要はないわけで、ミスがあったために損害を被った、という意識になる。

　そして、税務申告は税の専門家である税理士に依頼して報酬を支払っているのであるから、税理士のミスによって、会社が損害を被った、という論理になる。

　そこで、その損害を税理士に支払ってもらいたい、ということで、税理士に対する損害賠償請求に発展する。

　もう一つ多いパターンは、依頼者の代替わりなどで社長が交代し、あわせて顧問税理士を変更する、ということがある。

　この場合、交代した税理士は、過去の会計帳簿や税務申告書などを検討するのが通常であるが、その過程で、過去に行った税務申告のミスが発見される場合がある。

　そして、税理士がそれを会社に報告すると、従前の税理士に損害賠償請求しよう、ということになる場合がある。

　そして、このようにして税理士に対する損害賠償請求をしよう、となった場合に、税理士は訴えられやすい業務の性質を持っている。

　というのは、損害賠償請求というのは、「いくらの損害を被ったから、その損害を賠償せよ」という請求であるが、通常、その損害額を算定

するのが容易ではない場合も多い。たとえば、他人を殴って怪我をさせた場合、その損害はいくらか、というのは精神的な慰謝料なども含まれてきて、一応の相場はあるにしてもなかなか一義的に決まりづらい。

しかし、税理士の損害賠償は、不要な税を納付せざるを得なくなったことが損害になるので、損害額が容易に計算できてしまう、という要因がある。

また、税理士が損害賠償請求をされるときは、後述するように「債務不履行責任」あるいは「不法行為責任」に基づくものである。債務不履行というのは、本来なすべき業務を怠った場合であり、不法行為は法律に違反するなど違法な行為である。税理士は、税法を遵守して税務代理を行わなければならないわけであるが、税法に違反して税務代理を行ってしまった場合、これが債務不履行や不法行為になる。そして、課税要件はある程度税法や通達、国税庁のＱ＆Ａなどで明確になっているので、訴える方としては過失を立証しやすい、という要因がある。

このようなことから、税理士としては、依頼者からいつ損害賠償請求を受けるかわからない状態に置かれていることになる。

したがって、税理士としては、依頼者から損害賠償請求を受けないような対策を講じておかなければ安心して業務に専念することができない。

> ◆税理士の業務は、ミスが発覚しやすく、また、損害額の算定が容易なことから、損害賠償請求をされやすい、という性質がある。そのため、税理士は、損害賠償請求を防止するための努力を心がけるべきである。

2 税理士が損害賠償責任を負う法律構成

　税理士が依頼者から損害賠償請求をされる場合、通常、「債務不履行責任」あるいは「不法行為責任」に基づいて行われる。そこで、税理士の損害賠償責任の法的根拠について概要をまとめる。

1　債務不履行責任

(1) 契約の種類

　民法第415条は、「債務者がその債務の本旨に従った履行をしないときは、債権者は、これによって生じた損害の賠償を請求することができる。」と規定する。債務不履行責任に基づく損害賠償請求は、この規定に基づくものである。

　「債務の本旨に従った履行をしないとき」とは、法律の規定、契約の趣旨、取引慣行、信義誠実の原則等に照らして適当な履行をしないことである。そこで、税理士と依頼者との関係がどのような契約に該当するのか、が問題となる。

　契約の内容に関しては、契約自由の原則により、税理士と依頼者との間で自由に取り決めることができる。多くの場合は、税理士法第2条第1項所定の業務を行う旨の契約が締結されている。この点、最高裁昭和58年9月20日判決は、「本件税理士顧問契約は、被上告会社が、税理士である上告人の高度の知識及び経験を信頼し、上告人に対し、税理士法2条に定める租税に関する事務処理のほか、被上告会社の経営に関する相談に応じ、その参考資料を作成すること等の事務処理の委託を目的として締結されたというのであるから、全体として一個の委任契約であるということができる。」として、税理士と依頼者顧問会社との契約を委任契約であると解釈した。税理士と依頼者との間の契約は、多くの場合、委任契約と解釈されると思われる。

委任契約は、「委任は、当事者の一方が法律行為をすることを相手方に委託し、相手方がこれを承諾することによって、その効力を生ずる。」（民法第643条）とされている。そして、法律行為ではない事務を委託する場合には、「準委任契約」となり、委任契約の規定が準用される（民法第656条）。税理士法第2条2項に規定する「財務書類の作成、会計帳簿の記帳の代行」等は、法律行為を委託するものではないから、準委任契約ということになる。

なお、税務代理を伴わず、税務申告書の作成のみを委託され、税務申告書の完成に対して報酬が支払われる場合には、「請負契約」と解釈される場合があるであろう。

請負契約は、「請負は、当事者の一方がある仕事を完成することを約し、相手方がその仕事の結果に対してその報酬を支払うことを約することによって、その効力を生ずる。」（民法第632条）と規定されている。

印紙税法基本通達第2号文書17は、「税理士委嘱契約書は、委任に関する契約書に該当するから課税文書に当たらないのであるが、税務書類等の作成を目的とし、これに対して一定の金額を支払うことを約した契約書は、第2号文書（請負に関する契約書）に該当するのであるから留意する。」と規定されている。

以上から、税理士の債務不履行責任とは、税理士と依頼者との間の「委任契約」「準委任契約」「請負契約」、あるいは、それらの混合契約によって要求される適当な債務の履行をしない場合に発生する、ということになる。

(2) 債務不履行の種類

債務不履行責任は、その態様として、「履行遅滞」、「履行不能」、「不完全履行」の3つに分類されている。

① 履行遅滞

履行遅滞とは、債務の履行が可能であるのに、履行期を徒過した場

合である。たとえば、申告期限までに税務申告書を完成させ、税務署に提出することを約したにもかかわらず、申告期限を徒過しても税務申告書が完成しなかったような場合である。

履行遅滞が成立する要件は、①債務が履行期に可能であること、②履行期を徒過したこと、③履行遅滞が債務者の責に帰すべき事由に基づくこと、④履行しないことが違法であること、の4つである。

② 履行不能

履行不能とは、契約が成立した後に履行ができなくなった場合である。たとえば、申告期限までに税務申告書を完成させ、税務署に提出することを約した後に、税理士資格を喪失したような場合である。税理士資格を喪失すると、税務申告書を作成することも税務代理をすることもできなくなるためである。

履行不能が成立する要件は、①履行が不能であること、②債務者の責に帰すべき事由によって不能となったこと、③履行不能が違法なものであること、の3つである。

③ 不完全履行

不完全履行とは、債務の履行はされたが、それが不完全な場合である。たとえば、申告期限までに税務申告書を完成させ、税務署に提出はしたが、その内容にミスがあるような場合である。税理士が損害賠償請求を受ける場合は、ほとんどがこの不完全履行による債務不履行責任を追及されるケースである。

不完全履行が成立する要件は、①不完全な履行のあること、②債務者の責に帰すべき事由に基づくこと、③不完全な履行が違法であること、の3つである。

(3) 債務者の責に帰すべき事由に基づくこと

債務不履行が成立するためには、債務の不履行が「債務者の責に帰すべき事由に基づくこと」が必要である。「債務者の責に帰すべき事由」とは、債務者の故意・過失または信義則上これと同視すべき事由である。

ここで、「過失」とは、いわゆる「善良な管理者の注意」（善管注意義務）に反した場合を言うが、税理士の場合には、専門家として、高度の善管注意義務を課されている。この点、東京地裁平成22年12月8日判決（判例タイムズ1377号123頁）は、「税理士は、税務に関する専門家として、納税義務者の信頼にこたえ、納税義務の適正な実現を図ることを使命とする専門職であり（税理士法第1条参照）、納税者から税務申告の代行等を委任されたときは、委任契約に基づく善管注意義務として、委任の趣旨に従い、専門家としての高度の注意をもって委任事務を処理する義務を負うものと解される。」と判示している。

信義則上、債務者の故意・過失と同視すべき事由として注意が必要なのは、履行補助者の故意・過失である。「履行補助者」とは、債務者が債務の履行のために使用する者のことである。一時的にアルバイトとして使用する者でも継続的に使用する者でもよく、また、雇用する者でも、独立している税理士に再委託するような場合も含まれる。それらの者に故意または過失があり、その結果、債務不履行が生じた場合には、税理士の責に帰すべき事由による債務不履行となるから、注意が必要である。

(4) **過失相殺**

税理士の債務不履行に基づく損害賠償責任が発生する場合であっても、依頼者の側にも、その損害発生の原因がある場合には、一定割合の賠償責任を減ずる処理が行われることがある。これが「過失相殺」である。民法第418条は、「債務の不履行に関して債権者に過失があったときは、裁判所は、これを考慮して、損害賠償の責任及びその額を定める。」と規定し、債務不履行において過失相殺の制度を定めている。

前橋地裁平成14年12月6日判決（TAINS　Z999-0062）は、税理士が所得税確定申告にあたって、依頼人に対し、申告書作成に必要な原始資料の提出を求めたが、これを拒否し、依頼人の指示する不適法な方法で確定申告をするよう要請され、その旨申告したが、その際、

重加算税などの説明をしなかったため、納税を余儀なくされたとして、損害賠償請求をされ、それが認められた事案に関し、依頼者側に9割の原因があるとして、過失相殺をした。

⑸　損益相殺

　税理士の債務不履行によって依頼者が損害を被った場合であっても、同時に利益を得る場合もあり、その場合には、利益を得た限度で損害がなかったと評価できるため、賠償額が減額される。これを損益相殺という。たとえば、税理士のミスにより消費税の過大納付を余儀なくされた場合に、同時に法人税額が減少しているときは、その金額を損害額から差し引くことになる。

⑹　消滅時効

　債務不履行に基づく損害賠償請求権は債権であり、債権には、「消滅時効」という制度がある。「消滅時効」は、債権を一定期間行使しない時に、その債権を消滅させる制度である。

　民法第167条1項は、「債権は、十年間行使しないときは、消滅する。」と規定して、債権の消滅時効制度を設けている。消滅時効制度は、債権であっても10年より短い時効期間を定めていることもある。たとえば、商行為に基づく債権の消滅時効は5年である（商法第522条）。しかし、商人が税理士に税理士法所定の業務を委託するのは、商行為ではないので、税理士の債務不履行に基づく損害賠償請求権の消滅時効は10年と解されている。

　この間に、債務の承認や一部弁済など、時効を中断させる出来事があった時は、その出来事が終わった時から、再度ゼロから消滅時効が進行を始めることになる。

　消滅時効は、当事者が「援用」することによって、効力が発生する。したがって、税理士が、消滅時効により損害賠償債務を免れようとするときは、内容証明郵便などによって、「消滅時効を援用する」旨、依頼者に通知することが必要となる。

なお、消滅時効が完成した後に、損害賠償債務を承認すると、時効完成の事実を知って承認したものと推定され（大審院大正6年2月19日判決）、時効の利益を放棄したものとされる（大審院明治44年10月10日判決）ので、注意が必要である。

なお、改正民法が、2020年（平成32年）4月1日に施行される。改正民法第166条は、「債権は、次に掲げる場合には、時効によって消滅する。1　債権者が権利を行使することができることを知った時から5年間行使しないとき。2　権利を行使することができる時から10年間行使しないとき。」と規定する。まず、依頼人が税理士に対し、損害賠償請求ができることを知った時から5年で時効消滅し、知らなかったとしても、損害賠償請求権が成立し、請求可能となった時から10年で時効消滅することになる。

そして、附則第10条によると、施行日前に債権が生じた場合には、従前の法律が適用される旨規定しているので、施行日である2020年（平成32年）4月1日前に損害賠償債権が発生しているときは現行民法で、同日後に損害賠償債権が発生したときは、改正法が適用されることになる。

2　不法行為責任

不法行為に基づく損害賠償責任は、民法第709条に規定されている。同条は、「故意又は過失によって他人の権利又は法律上保護される利益を侵害した者は、これによって生じた損害を賠償する責任を負う。」と規定する。

不法行為は、契約関係があってもなくても、一定の要件を満たせば成立するものである。その要件とは、①権利侵害があること、②故意・過失があること、である。

(1)　権利侵害があること

税理士に不法行為が成立するためには、依頼者の法律上保護される

第1章 税理士の損害賠償責任の法的根拠

べき利益を侵害したことが必要となる。税務申告書に誤りがあり、修正申告を余儀なくされたような場合には、加算税や延滞税が賦課されるが、このような場合には、依頼者の財産権が侵害されたことになる。しかし、不法行為が成立するのは、財産権侵害に限らない。証明書の添付漏れにより、相続税の納税猶予措置が受けられなかった事例について、東京地裁平成16年3月31日判決（TAINS　Z999-0097）は、「享受し得る高度の蓋然性があったと認められる本件納税猶予措置を受けることができなくなり、ひいては、納税免除を受ける可能性のある地位を確定的に喪失させられてしまったのであって、これにより相当な精神的苦痛を受けたと認められ、こうした被告の違法な行為によって原告の被った精神的苦痛に対しては、慰謝料の支払義務を免れない」と判示し、慰謝料100万円を認めた。また、守秘義務に違反したとして、慰謝料を認めた判例もある（大阪高裁平成26年8月28日判決、判例タイムズ1409号241頁）。

民法第710条は、「他人の身体、自由若しくは名誉を侵害した場合又は他人の財産権を侵害した場合のいずれであるかを問わず、前条の規定により損害賠償の責任を負う者は、財産以外の損害に対しても、その賠償をしなければならない。」と規定し、「財産以外の損害」に対する損害賠償を認めており、慰謝料は、精神的損害として、この「財産以外の損害」に含まれる。

(2) 故意・過失があること

「故意」は、「結果の発生を認識しながらそれを容認して行為する」ことである。

「過失」は、「損害の発生を予見し、これを防止する注意義務があるのに、これを怠ること」である。そして、損害の発生についての「予見可能性」と、損害の発生について「結果回避可能性」があることが必要である。損害の発生を予見でき、かつ、その結果を回避できたにもかかわらず、回避しなかった場合に過失が認められる、ということ

になる。

(3) 使用者責任

債務不履行の項で、「履行補助者」の故意・過失を説明したが、不法行為責任においても、同様の態様がある。いわゆる「使用者責任」である。民法第715条1項が、「ある事業のために他人を使用する者は、被用者がその事業の執行について第三者に加えた損害を賠償する責任を負う。」と規定するのがそれである。

「事業の執行について」に関し、最高裁昭和40年11月30日判決は、「『事業ノ執行ニ付キ』とは、被用者の職務執行行為そのものには属しないが、その行為の外形から観察して、あたかも被用者の職務の範囲内の行為に属するものとみられる場合をも包含する」と、広く解している。

民法第715条但書きは、「使用者が被用者の選任及びその事業の監督について相当の注意をしたとき、又は相当の注意をしても損害が生ずべきであったときは、この限りでない。」と規定するが、従業員から誓約書を徴求し、就業規則を設け、定期的に教育している程度では相当の注意をしたとは認められず、免責されない、と考えた方が良いだろう。

(4) 過失相殺

税理士の不法行為により、依頼者が損害を被った場合であっても、依頼者にもその原因が存在する場合があり、その時は、税理士の賠償額を一定割合減額するのが損害の公平な分担に資することになる。そこで、民法第722条2項で、「被害者に過失があったときは、裁判所は、これを考慮して、損害賠償の額を定めることができる。」と規定して、過失相殺の制度を設けている。

(5) 損益相殺

債務不履行の項で述べた損益相殺については、不法行為に基づく損害賠償責任にも当てはまり、依頼者が損害と同時に利益を得た場合に

は、その額を損害から差し引くこととなる。

(6) 消滅時効

　不法行為に基づく損害賠償請求権にも消滅時効制度が設けられている。民法第724条は、「不法行為による損害賠償の請求権は、被害者又はその法定代理人が損害及び加害者を知った時から三年間行使しないときは、時効によって消滅する。」と規定している。債務不履行が10年であるのに比し、不法行為の時効が3年と短期となっている。

　この間に、債務の承認や一部弁済など、時効を中断させる出来事があった時は、その出来事が終わった時から、再度消滅時効がゼロから進行を始めることになる。

　消滅時効の起算点は、「損害及び加害者を知った時」である。この解釈について、最高裁昭和48年11月16日判決は、「『加害者ヲ知リタル時』とは……加害者に対する賠償請求が事実上可能な状況のもとに、その可能な程度にこれを知った時を意味するものと解するのが相当であり、被害者が不法行為の当時加害者の住所氏名を的確に知らず、しかも当時の状況においてこれに対する賠償請求権を行使することが事実上不可能な場合においては、その状況が止み、被害者が加害者の住所氏名を確認したとき、初めて『加害者ヲ知リタル時』にあたる」と判示している。

　そして、被害者が損害及び加害者を知らなかったとしても、不法行為の時から20年を経過したときは、不法行為に基づく損害賠償請求権が消滅する（民法第724条）。これは、時効ではなく、除斥期間と解釈されている。したがって、消滅時効のように、時効が中断することはない。

　なお、時効の中断、援用、時効の利益の放棄に関しては、債務不履行で述べたことと同じである。

3　瑕疵担保責任

　税理士と依頼者との契約が請負契約である場合には、「瑕疵担保責任」の問題が生ずる。民法第634条1項は、「仕事の目的物に瑕疵があるときは、注文者は、請負人に対し、相当の期間を定めて、その瑕疵の修補を請求することができる。」と規定し、同条2項は、「注文者は、瑕疵の修補に代えて、又はその修補とともに、損害賠償の請求をすることができる。」と規定している。

　つまり、税理士が、請負契約に基づいて作成した税務申告書などに瑕疵がある場合には、依頼者は、①瑕疵を修補し、②損害賠償を請求し、あるいは③代金減額請求をすることができる、ということである。さらに、瑕疵により契約の目的を達することができないときは、④契約を解除することもできる。

　瑕疵担保責任は、債務不履行責任や不法行為責任と異なり、故意・過失を要件としない無過失責任である。

　期間制限については、瑕疵を知った時から1年以内に行使しなければならない。

◆税理士が損害賠償請求を受ける法律構成としては、(1)債務不履行責任、(2)不法行為責任、(3)瑕疵担保責任、の3つが考えられる。(1)と(2)は故意または過失がある場合に発生するが、(3)は、無過失責任である。

3 損害賠償債務について支払不能の時

　税理士が損害賠償責任を負う場合、賠償金を支払えればよいが、事案によっては、賠償金が多額となり、支払不能の場合がある。そのような時は、どうなるのだろうか。

　まず税理士法人の場合であるが、税理士法人の財産をもって賠償金を支払えない時は、税理士法人の社員が無限連帯責任を負うことになる。税理士法第48条の21は、会社法第580条第1項を準用している。会社法第580条第1項は、「社員は、次に掲げる場合には、連帯して、持分会社の債務を弁済する責任を負う。」とし、その1号で、「当該持分会社の財産をもってその債務を完済することができない場合」と規定している。持分会社の社員は、持分会社の財産をもってその債務を完済することができない場合は、社員が連帯して、持分会社の債務を弁済する責任を負う、ということである。この規定が準用される結果、税理士法人の財産をもって税理士法人の債務を完済することができない場合は、社員税理士が連帯して、税理士法人の債務を弁済する責任を負うことになる。

　では、個人財産をもってしても、損害賠償債務を完済することができない場合は、どうなるか。この場合は、破産手続や民事再生手続を利用することができるが、破産手続を利用する場合は注意が必要である。

　税理士法第4条は、「次の各号のいずれかに該当する者は、前条の規定にかかわらず、税理士となる資格を有しない。」として、3号に「破産者で復権を得ないもの」と規定している。そして、同法第26条は、「日本税理士会連合会は、税理士が次の各号のいずれかに該当することとなったときは、遅滞なくその登録を抹消しなければならない。」として、その4号に、「前号に規定するもののほか、第四条第二号から第十号

までのいずれかに該当するに至ったことその他の事由により税理士たる資格を有しないこととなったとき。」と規定している。したがって、破産手続開始決定が確定したときは、税理士登録を抹消されることになる。

　そして、破産手続は、債務者が自ら申し立てるだけでなく、債権者から申し立てられることもあることに注意が必要である。

◆税理士が損害賠償金を支払うことができず、破産した場合には、税理士登録を抹消されることになる。破産手続は、債権者から申し立てることも可能であるから注意が必要である。

4 懲戒処分

税理士の懲戒処分は、次の3種類である（税理士法第44条）。
一　戒告
二　二年以内の税理士業務の停止
三　税理士業務の禁止

財務大臣は、税理士が、故意に、真正の事実に反して税務代理若しくは税務書類の作成をしたとき、又は脱税相談をしたときは、2年以内の税理士業務の停止又は税理士業務の禁止の処分をすることができる（同法第45条1項）。

故意でなかったとしても、相当の注意を怠って、かかる行為をしたときは、戒告又は2年以内の税理士業務の停止の処分をすることができる（同条2項）。

税理士が、法令の適用を誤り、または事実の認定を誤って、真実に反する税務書類の作成をし、税務代理をすることは、故意がなかったとしても、相当の注意を怠った場合には、懲戒事由に該当する。

◆税理士が真正の事実に反して税務書類を作成したときは、同時に懲戒事由に該当する場合があるので注意したい。

第2章

税理士の損害賠償責任の判断の枠組み

1 税理士の損害賠償責任判断のアプローチ

　税理士の損害賠償責任を判断するためには、法律構成を確定させ、その法律構成によって損害賠償責任が発生するかどうかを検討する必要がある。裁判例においては、損害賠償責任を判断するための一定のアプローチの方法を見いだすことができる。

(1)　契約が成立しているか

　税理士が契約関係にない第三者から損害賠償請求を受けることもあるが、もっとも多いのは、契約当事者である依頼者からの損害賠償請求である。この場合には、損害賠償請求をする依頼者との間に「契約が成立しているか」どうかが争われることになる。

(2)　業務範囲

　税理士と依頼者との間で契約が成立しているとしても、問題となった業務が、税理士がなすべき業務かどうかが争いになることがある。いわゆる「業務範囲」についての争いである。税理士と依頼者との間で契約書を締結しないことも多いことから争いが発生しやすいところである。

(3)　注意義務の程度

　税理士と依頼者との間で契約が成立しており、かつ、問題となった業務は税理士がなすべき業務であるとしても、税理士が注意義務に違反したかどうか、について争われることがある。税理士に損害賠償責任が発生するためには、原則として税理士に故意または過失が存することが必要である。そして、過失は、注意義務違反であるから、税理士に要求される注意義務について争いとなるのである。

(4)　損害額

　税理士に損害賠償責任が認められる場合は、賠償すべき損害額を検討することになる。この場合、依頼者に発生した損害額が争われるこ

とになる。損害額を確定した後に、前述した損益相殺、過失相殺も検討されることになる。

> ◆税理士の損害賠償責任を判断するためのアプローチは、次の4つである。
> ① 契約が成立しているか
> ② 業務範囲
> ③ 注意義務の程度
> ④ 損害額

2 契約が成立しているか

　依頼者からの損害賠償請求に対して、税理士が「依頼者との間では契約が存在しないため、注意義務もない」と主張することがある。契約書が存在すれば、契約が成立していることが強く推定されるが、契約書がない場合に特に問題となる。

　契約は、契約書が存在しなくても、口頭でも成立する。たとえば、依頼者が、税理士に対し、所得税確定申告の申告代理を委託し、税理士が承諾した場合には、契約書がなくても、委任契約が成立することになる。

　裁判例では、好意かつ無報酬で相続税の修正申告書を作成し、税務署に提出した件に関して契約の成立が争われた事案について、裁判所は、「税理士が委任状を徴求し、申告代理をした以上、報酬の有無を問わず、委任契約が成立」している、と判断したものがある（東京高裁平成7年6月19日判決、判例時報1540号48頁）。

　また、グループ会社の1社と顧問契約書を締結しているケースで、その顧問会社の関連会社への税務上の助言に過誤があったことから損害賠償請求された事案において、契約書がなくても、過去の助言実績や報酬受領の実績等から、契約書を締結していない関連会社との顧問契約の成立を認めたものがある（東京地裁平成12年6月23日判決、TAINS Z999-0067）。

　さらに、法人と顧問契約を締結していた税理士が、同社取締役個人に対して助言をした際、内容を誤ったことから、損害賠償請求をされた事案において、税理士は、個人との契約関係は存在しないと主張したが、裁判所は、「顧問契約が存在しないならば、依頼者から相談を受けた際に、依頼者個人の相談は受けられない旨相談の受理を拒否すれば足りるのであって、右相談に応じたこと自体本件顧問契約の存在

を裏づける事情といえる。」などとして、取締役個人との間に、無償の顧問契約を認めたものがある（東京地裁平成12年6月30日判決、TAINS　Z999-0066）。

　以上より、契約書が存在しない場合には、契約が成立しているかが争われることになるので、業務を行う際には、必ず契約書を締結することが大切である。

◆そもそも税理士と依頼者との間に契約が成立しているかどうか、が裁判で争われることになるが、この場合に重視されるのは契約書であるから、業務を行う際は、契約書を締結することが大切である。

3 業務範囲

　税理士と依頼者との間に契約が成立しているとして、次に問題となるのは、業務範囲である。

　税理士が行わなかった行為について、その業務が契約の内容となっており、本来であれば税理士は当該業務を行い、あるいは、助言指導すべきだったかどうか、という態様で争われることが多い。

　この場合には、税理士が、いかなる範囲で業務を受託していたか、が問題となる。

　この点、税理士が法人と顧問契約を締結し、税務書類の作成、税務代理等を行う場合には、税理士法第2条1項所定の税務書類の作成、税務代理、税務相談を受託した、と解釈されるのは問題ないところである。また、個人の所得税確定申告や相続税申告を受託した場合には、申告書の作成および税務代理、申告書作成過程での付随的な税務相談が業務範囲となることは問題ないと思われる。

　問題となるのは、依頼者からの質問に回答する、というような受動的な税務相談を超えて、税理士の方から積極的に節税に関する助言指導まですること、税務申告書作成過程で全ての原始資料まで確認すること、などが業務範囲に含まれるのか、というような点である。

　つまり、単に税務申告書の作成、税務代理、受動的な税務相談を超えて、税理士は、いかなる範囲まで積極的に関与することが業務の範囲とされるのか、という問題である。

　東京地裁平成27年5月28日判決（判例時報2279号22頁）は、個人医師が医療法人成りした際に、税理士が設立後2期分の消費税の免除を受けられるなど税務上有利とするために、資本金を1,000万円未満とするよう節税のための指導をする義務を怠ったと訴えられた事例において、税理士が消費税の確定申告書の提出・税務代理業務を超え

て、設立手続の一部に協力する旨の委任契約を締結したことを重視し、節税指導義務を認めた。

　反対に、東京地裁平成24年3月30日判決（判例タイムズ1382号152頁）は、税理士が、消費税法上の課税事業者選択届出の提出に関する指導・助言の義務を怠ったために、期末に在庫として有していた棚卸資産の仕入税額控除を受けられなかったとして訴えられた事例において、契約書に業務内容が明記されていることから、それを超えて、依頼者の業務内容を積極的に調査し、又は予見して、税務に関する経営判断に資する助言、指導を行う義務は原則としてない、として、節税指導義務を認めなかった。この2つの事例からは、契約書における業務範囲の記載が重要であることがわかる。

　また、法人の労働者が横領など不正行為をしているときに、税理士は、それを発見し報告すべき義務があるのにそれを怠った、として損害賠償請求を受ける事例がある。しかし、判例の傾向としては、税理士には、不正を発見し、報告すべき義務はない、と判断している（富山地裁平成12年8月9日判決・TAINS　Z999-0042、東京地裁平成16年10月18日判決・TAINS　Z999-0095）。

　東京地裁平成25年1月22日判決（判例タイムズ1413号373頁）は、9期にわたり合計約3億円の過大利益の計上をする不正経理をしていたことを見逃したことについて、原始資料の確認義務違反が問われた事例である。この事例において、裁判所は、税理士と依頼者との契約における業務範囲について、原始資料から仕訳を行う業務や依頼者が作成した仕訳伝票を原始資料に基づきチェックする業務までは含まれない、として、原始資料の確認義務を認めなかった。

　しかし、すでに依頼者から税理士に対して提出された資料については、「提出された不動産賃貸業の収入に関する資料や支出に関する資料を精査すれば、……資料に疑問をもち、依頼者に対してこれらについて説明を求め、追加資料の提出を促すことは容易であった」として

提出された資料に関する精査義務違反を認めた裁判例もある（東京地方裁判所平成21年10月26日・判例タイムズ1340号199頁）。

　これらの判例の傾向からすると、税理士の業務範囲については、税理士と依頼者との契約書が締結されている場合には、その記載内容が重視され、締結されていない場合には、個別の合意の内容が、顧問料の金額、過去に行った業務の内容、実際の税理士と依頼者の役割分担などから総合考慮されて判断されるものと思われる。したがって、業務を受託する時は、必ず契約書を締結し、契約書の中で、受託する業務の範囲を明確に記載し、可能であれば業務範囲外となるものまで記載すること、さらに、税理士と依頼者の役割分担まで定めておくことが肝要である。

◆税理士が行うべき業務の範囲が争われる場合、契約書が締結されていれば、契約書の記載を重視して業務範囲が判断されるから、契約書を締結するときは、業務範囲を明記すべきである。

4 注意義務の程度

　税理士が行うべき業務の範囲が確定したら、次に検討すべきは、注意義務の程度である。税理士がいかなる程度の注意義務を負っているかが明らかにされて、その注意義務を怠った場合に債務の不履行となるのである。

　この点、税理士は、税務の専門家として高度の注意義務を負っていることに注意が必要である。東京地裁平成22年12月8日判決（判例タイムズ1377号123頁）は、「税理士は、税務に関する専門家として、納税義務者の信頼にこたえ、納税義務の適正な実現を図ることを使命とする専門職であり（税理士法1条参照）、納税者から税務申告の代行等を委任されたときは、委任契約に基づく善管注意義務として、委任の趣旨に従い、専門家としての高度の注意をもって委任事務を処理する義務を負うものと解される。」と判示している。

　この結果、仮に税務上の処理を税務署に問い合わせて、税務署から誤った指導がなされたとしても、税理士は、それを鵜呑みにするのではなく、租税の専門家として、法令、通達に反する指導であることを指摘し、税務職員の意見の根拠を明らかにし、その是非を判断すべきである、とされた事例がある（神戸地裁平成5年11月24日判決・TAINS　Z999-0006）。

　また、東京地裁平成22年12月8日判決（判例タイムズ1377号123頁）は、「労務賃金」の勘定科目で計上されたものが、人件費か外注費かを委任者に確認したところ、外注費であり課税対象であるとの回答を得たので、そのように処理したと税理士が主張したところ、裁判所は、委任者の回答を鵜呑みにせず、税務上の判断は税理士がすべきである、として税理士の注意義務違反を認めた。

　相続人が日本国籍を有するかどうかを確認すべき義務があるかどう

かについて争われた事例では、「税務の専門家としては、一般人であれば相続人が日本国籍を有しない制限納税義務者であるとの疑いを持つに足りる事実を認識した場合には、相続人が日本国籍を有するか否かについて確認すべき義務を負う」とされた（東京地裁平成26年2月13日判決・TAINS　Z999-0145）。

　消費税課税制度の選択にあたっての依頼者の業種区分の誤りについては、「少し時間をかけて取引先の請求書や売上台帳を点検したり、原告に対する質問や調査を行えば容易に判明し得たものと認められる」として、安易な判断は、注意義務違反になる旨判示した裁判例がある（東京地裁平成13年10月30日判決・TAINS　Z999-0059）。

　反対に、依頼者の協力が得られない場合に、税理士の注意義務違反を否定した裁判例もある（東京地裁平成13年10月30日判決・TAINS　Z999-0055）。

　また、相続税申告業務において、具体的な調査過程を認定した上、税理士に調査義務違反はない、と判断した事例もある（東京地裁平成27年3月9日判決・TAINZ　Z999-0160）。時間的余裕がない中での注意義務については、東京地裁平成14年2月12日判決（TAINS　Z999-0076）は、税理士が「申告書の作成を頼まれ、資料の送付を受けたころは、既に相続税の申告期限が間近に迫っており、申告期限を経過すると減税の特例が受けられないばかりでなく、無申告加算税等が賦課される可能性もあり、高めの評価額で申告しても後日の税務調査の結果如何で還付が受けられることから、被告としては、申告期限を遵守することを優先させ、高めの評価額で申告したというのである。また、相続対象の土地の個数が10物件に及び、他にも別紙遺産目録記載のとおり相当な積極消極の相続財産があって、申告書の作成にそれなりの時間を要することが避けられなかったことが容易に伺える。これらの事実に鑑みれば、被告が土地の評価額について正確な調査をしなかったことには、誠にやむを得ない事由があったものという

べきであり、概ね高めの評価額で申告した被告の措置について、相続税の申告業務の受任者として善管注意義務に欠けるところはない」と判示して、注意義務を否定した。

他方、東京地裁平成22年12月8日判決（判例タイムズ1377号123頁）は、税理士が時間的余裕がなかったと抗弁したのに対し、ひとまず委任者の送付した資料に依拠して申告した上で、修正申告を念頭に置いて、十分な検討を行うことなども考えるべきであるとして、税理士の注意義務違反を認めた。

以上のように、裁判所は、税理士の注意義務の程度については、専門家として、高度のものを要求しているといえる。税理士としては、業務を遂行する上で問題となりそうな点は積極的に調査し、依頼者から提出された資料を精査するのはもとより、その資料に不自然な点がある場合には、積極的に調査する注意義務がある。また、依頼者に想定される不利益を予想し、その不利益について依頼者に助言指導しておくことも注意義務に含まれることに注意が必要である。

◆裁判所は、税理士の注意義務について、税務の専門家であることから、高度の注意義務を認めていることに注意が必要である。

5 注意義務の類型

　税理士が損害賠償責任を負う場合には、税理士の善管注意義務違反が問題となるが、注意義務の内容はいくつかの類型に分類することができる。そこで、ここでは、注意義務を類型化し、個別の類型について概説することとする。

(1) 説明助言義務

　税理士は、善管注意義務に基づき、依頼者に対して関連税法及び実務に関して、有益な情報及び不利益な情報を提供し、依頼者が適切に判断できるように説明及び助言をしなければならない。これを税理士の説明助言義務と言う。

　この説明助言義務については、税理士が①説明助言義務を負うか、②説明助言義務を負うとして、説明助言したかどうか、で争われることになる。過去の裁判例では、②に関し、税理士が「説明助言した」と主張するものも多い。しかし、裁判実務においては、税理士の側で「説明助言した」と証明できない場合には、説明助言の事実が否定される傾向にある。

　したがって、税理士が無用の損害賠償請求を防止するためには、説明助言したことを証拠化して残しておくことが重要である。

　まず、税理士が受託業務を遂行する上で確認すべきことについて、説明助言義務があることは当然である。相続税申告業務を行うに際し、海外財産も全て申告するよう説明したことが認められないとして税理士に説明助言義務違反が認められた例がある（東京地裁平成24年1月30日判決・判例時報2151号36頁）。

　相続税申告業務を受託した税理士について、「相続税の納付がいつ必要であるのかを相続人に説明し、その納付が可能であるかどうかを確認し、これができない場合には、延納許可申請の手続をするかどう

かについて意思を確認するのは、相続税の確定申告に付随する義務」であるとして、説明助言義務違反を認めた事例がある（東京高裁平成7年6月19日判決・判例時報1540号48頁）。

　不利益についての説明助言としては、税理士が所得税確定申告にあたって、依頼人に対し、申告書作成に必要な原始資料の提出を求めたが、依頼者はこれを拒否し、依頼人の指示する不適法な方法で確定申告をするよう要請され、その旨申告したが、その際、重加算税などの説明をしなかったため、納税を余儀なくされたとして、損害賠償請求され、それが認められた事例がある（前橋地裁平成14年12月6日判決・TAINS　Z999-0062）。したがって、依頼者に不利益が生ずべき時は、それが依頼者の責に帰すべきときであったとしても、当該不利益を説明助言し、依頼者が適切に判断できるようにすべきである。

　通達によらない処理をする場合の説明助言義務については、さいたま地裁平成15年1月16日判決（TAINS　Z999-0086）がある。この事例は、相続税申告業務において、相続財産である土地の評価について、宅建主任者である依頼者が評価した時価で評価して相続税申告をし、後日税務調査により当該評価が否認され、修正申告をせざるを得なくなって、過少申告加算税、延滞税等が生じたことから、税理士の説明助言義務違反が争われた事例である。裁判所は、否認の可能性を指摘し、かつ、評価が適正であることを裏付ける不動産鑑定士の鑑定書を用意するよう助言・指導すべきであるとして、税理士の説明助言義務違反を認めた。

　以上のように、税理士は、受託業務を行う上で確認が必要な事項について説明助言すべきことはもとより、依頼者が適切な判断をするために必要な事項、依頼者に将来生ずる可能性がある事項なども予測して、説明助言すべきことになる。また、説明助言は、その存否の争いとなったときは、税理士が説明助言したことを立証するのが困難となる場合があるから、可能な限り書面等の証拠を残しておくことが望ましい。

(2) 有利選択義務

　税理士の注意義務の一つとして、有利選択義務がある。これは、複数の選択しうる処理の方法がある場合に、法令の許容する限度で依頼者に有利な方法を選択する義務である。

　この点について、東京地裁平成7年11月27日判決（TAINS Z999-0010）は、相続税の財産評価を誤るとともに、配偶者に対する税額軽減を適用せずに相続税申告書を作成、提出した事例について、税理士は、「税務の専門家として、租税に関する法令、通達等に従い、適切に相続税の申告手続をすべき義務を負うことはもちろん、納税義務者たる」依頼者の「信頼にこたえるべく、相続財産について調査を尽くした上、相続財産を適切に各相続人に帰属させる内容の遺産分割案を作成、提示するなどして、」依頼者に「とってできる限り節税となりうるような措置を講ずべき義務をも負う」と判示している。

　また、神戸地裁平成14年6月18日判決（TAINS　Z999-0052）は、相続税申告手続において、税理士が相続財産の評価を誤ったかどうかが争われた事例について、税理士は依頼者「との間の委任契約上、税理士として、相続税のための財産評価にあたり、財産評価基本通達を含む法令に則り、依頼者のためにできるだけ有利な評価を採用するようにする注意義務があり、そのため必要な質問や調査を尽くすべき義務があるというべきである。」と判示した上で、税理士が必要な調査を尽くしたかどうかを認定した上で、最終的に税理士の注意義務違反を否定した。

　さらに、大阪地裁平成20年7月29日判決（TAINS　Z999-0118）は、法人税の確定申告に際し、租税特別措置法第68条の2第1項4号に基づく、法人税にかかる同族会社の留保金課税を非課税とする特例制度が適用できるのに、できないことを前提として処理した事例において、税理士が、時間的余裕がなかった、という主張をしたのに対し、裁判所は、「与えられた作業時間が限られていたとしても、そのことは、」

税理士に「対する委任事項から本件特例制度の適用の可否につき検討することが除かれていた理由とはいえない。専門家である」税理士において、「時間が限られてできないというのであれば、そのことを述べるべきである」として、税理士の注意義務違反を認めたものがある。

以上より、税理士が受託した業務を処理するに際し、法令の許容する範囲内で複数の処理が可能なときは、できる限り依頼者の有利になるよう処理する義務があるので、注意が必要である。

(3) 不適正処理是正義務

税理士は、税務に関する専門家として、独立した公正な立場において、申告納税制度の理念にそって、納税義務者の信頼にこたえ、租税に関する法令に規定された納税義務の適正な実現を図ることを使命とする（税理士法第1条）。

そして、税理士は、税務の専門家として、高度の知識と技能を駆使して、依頼者の納税義務の適正な実現を図らなければならない。したがって、依頼者の依頼や説明などが不適正であり、納税義務の適正な実現を図ることができないような場合には、これを是正する義務がある。これは、不適正処理是正義務である。

この点に関し、前述の留保金課税が問題となった大阪地裁平成20年7月29日判決（TAINS　Z999-0118）は、「依頼者の指示が不適切であれば、これを正し、それを適切なものに変更させるなど、依頼者の依頼の趣旨に従って依頼者の信頼に応えるようにしなければならない。」と判示している。

また、東京地方裁判所平成24年12月27日判決（判例タイムズ1392号163頁）は、消費税の課税事業者選択届けを提出しなかった点に注意義務違反があるかどうかが争われた事例に対し、「税理士は、委任者の説明に基づき、その指示に従って申告書等を作成する場合にも、委任者の説明及び指示のみに基づいて事務処理を行えば足りるというものではなく、税務の専門家としての観点から、委任者の説明内

容を確認し、それらに不適切な点があって、これに依拠すると適切な税務申告がされないおそれがあるときには、不適切な点を指摘するなどして、これを是正した上で、税務代理業務等を行う義務を負うと解される。」と判示し、税理士の注意義務違反を認めた。

(4) 前提事実の確認義務

　税理士が受託業務を行うに際しては、法令適用の前提となる事実について、依頼者に質問し、書類を精査するとともに、それが不十分である場合には、さらに調査をして前提事実を解明する注意義務がある。これが前提事実の確認義務である。

　京都地裁平成7年4月28日判決（TAINS　Z999-0008）は、譲渡所得の申告に際し、譲渡資産が過去の買換え特例の適用を受けていたにもかかわらず、依頼者が関連書類を税理士に提出せず、買換え特例の適用がないものとして処理した事例について、「税理士が、依頼者の税務書類の作成過程において、依頼者から事情を聴取する際には、特に問題となりそうな点に言及し、事実関係の把握に努め、依頼者の説明だけでは十分に事実関係を把握できない場合には、課税庁で当該疑問点を指摘し、調査を尽くさなければならない。」と判示して前提事実の確認義務を認めた。なお、本裁判例では、依頼者の説明不足について、2割の過失相殺をした。

　ただし、この訴訟の控訴審である大阪高裁平成8年11月29日判決（TAINS　Z999-0012）は、税理士が依頼者に対し、「以前に不動産を譲渡したことがあるか」と質問したところ、「譲渡したことはない」との返事であり、また、不動産の譲渡関係の資料もないという回答を得た旨の事実を認定し、このような事実関係のもとでは、税理士は、さらに課税庁まで出向いて調査する義務は負わない、と判示した。

(5) 積極調査義務

　税理士は、税務の専門家として、高度の知識と技能を有するとともに、その知識と技能を駆使して依頼者の納税義務の適正な実現を図る

ことが期待されている。したがって、その知識と技能に照らし、依頼者の説明や資料に疑問点を生じたり、不十分であるなどの場合には、依頼者に積極的に問いただしたり、資料提示を求め、調査する義務がある。これが積極調査義務である。

東京地裁平成21年10月26日判決（判例タイムズ1340号199頁）は、所得税確定申告書の作成を受任した税理士が、不動産賃貸業をしている依頼者から提出された資料に礼金の収入等の漏れがあったにもかかわらず、そのまま確定申告書を作成した事例において、「税理士業務を行うに当たっては、依頼者が、課税標準等の計算の基礎となるべき事実の全部又は一部を隠ぺいし、若しくは仮装している事実等があることを知ったときには、直ちにその是正をするよう助言する（法41条の3）などの義務を負う。」とした上で、「本件各資料の内容及び本件各確定申告書等の記載に照らせば、税務に関する専門知識を有する」税理士において、「本件各確定申告書等の記載と本件各資料の記載を照合して、本件各確定申告書等の根拠となっている本件各資料の内容を精査すれば、礼金等の収入の有無や必要経費の内容や金額などについて、疑問をもち、」依頼者に対し、「これらについて説明を求め、追加資料の提出を促すことは容易であったというべきである。」と判示して、税理士の注意義務違反を認めた。

また、東京地方裁判所平成24年12月27日判決（判例タイムズ1392号163頁）で、税理士が消費税確定申告書の作成を受託したところ、依頼者は、自宅の一部を会社に賃貸し、その賃料を受領していたが、税理士から給与以外の収入があるか質問された際に、「ない」と回答したので、税理士は、それを前提として、消費税課税事業者選択届けを提出しなかった事例において、税理士は、「税務の専門家としての観点から、委任者の説明内容を確認し、それらに不適切な点があって、これに依拠すると適切な税務申告がされないおそれがあるときには、不適切な点を指摘するなどして、これを是正した上で、税務

代理業務等を行う義務を負うと解される。」とした上で、税理士が把握した資料によって、依頼者が賃料収入を得ていることは、「容易に推測可能」であったとして、税理士の積極調査義務違反を認めた。

東京地裁平成22年12月8日判決（TAINS　Z999-0133）は、依頼者の作成した会計帳簿の勘定科目の適用誤りに気づかず、そのまま申告書を作成してしまった事例に関し、「税務申告の代行の依頼を受けた税理士は、委任者の作成した資料に基づき、委任者の指示に従って申告書等を作成する場合には、上記のような委任契約に基づく善管注意義務の一環として、税務の観点から委任者の作成した資料を確認し、その内容に不適切な点があり、これに依拠すると適切な税務申告がなされないおそれがあるときには、不適切な点を指摘するなどして、これを是正した上で申告を代行する義務を負うものと解される。」とした上で、依頼者の人材派遣の方法等の業務内容が大きく異なっていないにもかかわらず、控除対象仕入税額が著しく増加していることは一見して不自然であるにもかかわらず、十分な調査確認をしなかったとして、注意義務違反を認めた。

⑹　税法以外の法令調査義務

税理士は税法の専門家であり、全ての法律に関する専門家ではないが、税理士がその職務を行うにあたって、税法の適用の前提として、他の法律を解釈適用する必要が生ずる場合がある。このような場合に、税理士は、どこまで法令の調査をし、確認を求められるのかが、税理士の法令調査義務の問題である。

国籍法の調査義務が争われた事例として、東京地裁平成26年2月13日判決（TAINS　Z999-0145）がある。この事例は、相続税申告業務において、税理士は、相続人の1人が長期間アメリカ合衆国で生活していることから、アメリカ合衆国に帰化して日本国籍を喪失しており、制限納税義務者に該当する可能性があると考え、関係者に確認したところ、関係者からは、「確かにアメリカ合衆国の国籍を取得し

たが、日本国籍を放棄していないため、二重国籍である」と回答があったので、税理士は、これを前提に制限納税義務者ではないことを前提として、申告書を作成したところ、本件では、国籍法によると、アメリカ合衆国の国籍を取得した時点で日本国籍を喪失していた、というものである。この事例において、裁判所は、まず一般論として、「確かに、税理士は、税務に関する専門家であるから、一般的には租税に関する法令以外の法令について調査すべき義務を負うものではない」と述べて、一般的法令調査義務はない、と判示した。しかしながら、相続税申告にあたっては、相続人が日本国籍を有しない制限納税義務者かどうか確認する必要があり、国籍を有するかどうかは国籍法が規定しているから、国籍法を確認する義務を負う、とした。

これに対し、相続税申告業務において、相続人が相続していない不動産について相続財産に含めたことにより過大な相続税の支払いを余儀なくされたとして税理士に対して損害賠償請求がされた事例において、那覇地裁沖縄支部平成23年10月19日判決は、「税理士は、税務の専門家であって、法律の専門家ではないから、ある財産を遺産に含めて相続税の課税対象として処理する場合に、所有権の移転原因を厳密に調査する義務があるとまではいえず、税務署が納税行為の適正を判断する際に先代名義の不動産の有無を考慮している現状にも照らせば、被告が本件土地に関する調査義務に違反したということはできない。」として、税理士の注意義務違反を否定した。

以上から、税理士には、税法の要件を満たすかどうかを判断する前提として他の法令の適用関係を判断する必要がある場合には、その法令を調査確認する義務を負うが、法令の解釈適用については、法律の専門家ではないから、厳密な法律解釈までは必要ではなく、税務の専門家として要求される調査を尽くすことで足りる、ということになろう。

(7) **租税立法遵守義務**

税理士は、税務に関する専門家として、独立した公正な立場におい

て、申告納税制度の理念にそって、納税義務者の信頼にこたえ、租税に関する法令に規定された納税義務の適正な実現を図ることを使命とする（税理士法第1条）。

したがって、税理士は、租税立法を遵守する義務を負う。租税立法遵守義務は、租税立法の文言に直接的に反する行為をしてはならないことはもとより、租税立法の趣旨に反する行為をしてはならないことを含む。また、税務署職員は、行政通達に基づいて実務を行うものであるから、税理士が通達に反する処理を選択する場合には、依頼者に不利益が生ずる可能性があるので、当該処理を選択することに相当の理由があり、必要性が認められることが要請され、慎重な判断を要する。そして、仮に通達に反する助言をする場合には、通達に反する旨、及び後日依頼者に不利益が生ずる可能性があることを説明助言する必要がある。これが、税理士の租税立法遵守義務の問題である。

この点、法人税確定申告において、通達に反する助言指導を行った税理士に対する損害賠償の事例について、大阪高裁平成10年3月13日判決（判例時報1654号54頁）は、「依頼者から基本通達に反する税務処理を求められたり、専門家としての立場からそれなりの合理的理由があると判断して基本通達と異なる税務処理を指導助言したりする場合において、基本通達が国税庁長官が制定して税務職員に示達した税務処理を行うための基準であって法令ではないし、個々の具体的事案に妥当するかどうかの解釈を残すものであるから、確定申告をするに当たり形式上基本通達に反する税務処理をすることが直ちに許されないというものではないものの、税務行政が基本通達に基づいて行われている現実からすると、当該具体的事案について基本通達と異なる税務処理をして確定申告をすることによって、当初の見込に反して結局のところ更正処分や過少申告加算税の賦課決定を招くことも予想されることから、依頼者にその危険性を十分に理解させる義務があるというべきである。」と判示している。

これに対し、東京地裁平成10年11月26日判決（TAINS　Z999-0047）は、相続税の節税に関する助言指導業務において、形式的には財産評価基本通達に則った処理ではあるが、その結果、相続税および贈与税の評価を大きく下げる結果となるスキームが財産評価基本通達総則6項により否認された事例について、「納税者間の課税の公平が著しく損なわれる上、富の再配分機能を通じて経済的平等を実現するという相続税法の立法趣旨から大きく逸脱することは明らかである」とした上で、「考案した本件相続税対策は、租税立法の趣旨を大きく逸脱しており、課税実務上到底認め難いものであること、右対策が考案されたころには、いわゆる節税商品については、形式的に通達に従っていても税務当局から否認される流れが出始めていたこと」などから、税理士は、「対策が税務当局から否認されるおそれがあることは十分に予見することが可能であったというべきであ」る、として、税理士の注意義務違反を認めた。

　以上より、税理士の法令遵守義務として、次のような注意義務に留意すべきである。

① 　法令を遵守する義務
② 　原則として通達に従った処理を行うが、通達に反する処理を行う場合には、その処理を選択することに相当の理由があり、必要性が認められる場合であること
③ 　通達に反する処理を行う場合には、依頼者に生ずる可能性のある不利益を精査し、依頼者に十分説明し、理解を得ておくこと、通達に反する処理が認められるよう税務専門家として証拠化しておくこと
④ 　形式的に通達に則った処理であったとしても、租税立法の趣旨に反するような処理ないし説明助言をしないこと

⑻　第三者に対する注意義務

　銀行など金融機関をはじめ、法人または個人に対して融資をする者、

取引を開始しようとする者が、その財務内容や営業活動を調査するために、税務申告書や試算表などの提出を求めることがある。そして、それらの内容が真実であると信頼して、融資や取引を開始することがある。ところが、税務申告書等の内容が真実に反するものであり、そのために貸付金や売掛金の回収が不可能になる、という事態が想定しうる。この場合、当該虚偽の税務申告書や試算表等を税理士が作成したものである場合には、損害を被った第三者としては、損害の原因を作出したのが税理士であるとして、税理士に対して損害賠償請求をすることがある。これが、第三者に対する注意義務の問題である。

　この場合、税理士と第三者との間には契約関係がないから、債務不履行責任は問題とはならない。問題となるのは、不法行為責任である。

　税理士は税務の専門家として、公正な立場において、納税者の適正な納税義務の実現を図るため、真正な税務申告書を作成する義務を負う。そして、故意または相当の注意を怠って真正の事実に反して税務申告書を作成したときは、懲戒処分を受けることがある（税理士法第45条1項、2項）。

　そして、税務申告書の内容を信頼して融資取引を行ったり、取引を開始あるいは継続することがあることは容易に推測できることであり、かつ、税務申告書の内容が虚偽である場合には、それによって債権回収が不可能になりうることも容易に推測可能であり、かつ、その結果を回避することも可能である。その意味で、税理士は、第三者が内容虚偽の税務申告書等を信頼して行動した結果、損害を被ることのないように、税務申告書等の内容を真正にすべく注意義務を負っていると解される。よって、故意または過失によって内容虚偽の税務申告書等を作成し、それによって第三者が損害を被った場合には、税理士には不法行為に基づく損害賠償責任が発生する場合がある、と考える。

　この点、仙台高裁昭和63年2月26日判決（TAINS　Z999-0002）は、税理士の作成した内容虚偽の確定申告書の記載を真実と信じて、保証、

担保の提供などをした者が損害を被った事例において、税理士は、依頼者が「これを利用して融資先を欺いて甲社の金融を得ることを知りながら、乙社の実情を粉飾し、このような虚偽の内容を記載した書類を作成したものであること、すなわち、」税理士「はこれにより乙社に対して融資をするものが損害を受けるかもしれないことを予見しながらあえてこのような虚偽の内容を記載した書類を作成したものであることが認められる。」として、税理士の損害賠償責任を認めた。

⑼　退職税理士の競業避止義務

　税理士事務所または税理士法人の所属税理士が退職し、または、税理士法人の社員税理士が脱退する際に、もとの税理士事務所（法人）と顧客をめぐって紛争となる場合がある。退職する税理士が担当している依頼者が、税理士退職に伴って、元の勤務先の税理士事務所（法人）との委任契約を解消し、退職税理士と新規に委任契約を締結する場合である。いわゆる退職税理士の競業避止義務の問題である。

　まず、憲法第22条は、職業選択の自由を基本的人権として規定しており、税理士資格を有する者が、税理士事務所（法人）を退職した後、税理士業務を行うことを禁止することは、多くの場合、公序良俗違反で無効となるものと思われる。

　では、退職後、従来の依頼者と新規に契約を締結する場合はどうか。

　この場合も、そのような行為をしない旨の特別の誓約書等による合意がない場合には、元の勤務先の税理士事務所を誹謗中傷するなど「社会通念上自由競争の範囲を逸脱した違法な態様で元雇用者の顧客を奪取したとみられるような場合」でなければ、損害賠償責任を負うことはない（最高裁平成22年3月25日判決）。

　では、退職後、従来の依頼者への勧誘を禁止する特別の合意がある場合はどうか。

　大阪地裁平成24年4月26日判決（TAINS　Z999-0130）は、税理士事務所が、退職した税理士らに対し、就業規則に違反し、違法に競

業し、かつ、不正の利益を得る目的で営業秘密を使用したなどとして損害賠償を求めた事例で、積極的に働きかけて依頼者と契約を結ぶことを禁止する合意をしたと認定しつつも、積極的な働きかけはなかった、と判断して退職税理士らの損害賠償責任を否定した。

　次に、東京地裁平成26年4月9日判決（TAINS　Z999-0150）は、税理士法人の社員を辞任する前から、Xの業務を執行する社員でありながら、許される開業準備行為の範囲を超えて、Xの顧客に対してXの信用を失墜させるような言動をしたり、Xとの顧問契約等を解約してYが開設する事務所と顧問契約等をするように働きかけるなどし、依頼者の多数が税理士法人との契約を解約し、退職社員税理士と新規契約を締結した、として損害賠償を求めた事例である。この事例において、裁判所は、まず社員の期間中の行為については、「社員である間に」脱退する税理士が「将来の競業行為のために行う準備については、」脱退する税理士の「営業の自由と、税理士法人であるXの利益との調和の観点から、競業行為の準備をすることは許容されるものの、Xの顧客に対し、Xとの間の顧問契約等を解約して、」脱退する税理士が「開設する事務所と顧問契約等を締結するように、違法不当な方法で働きかけることは許されないと解される。」としたが、本件ではそのような行為はないとした。次に、税理士法人脱退後については、「一般に、税理士法人の社員が脱退後に行った税理士法人との競業行為は、自由競争に属し自由であるから、当該競業行為が、社会通念上自由競争の範囲を逸脱した違法な態様で元の税理士法人の顧客を奪取したとみられるような場合に限って、元の税理士法人に対する不法行為に当たる」としたが、本件では、そのような行為はないとし、結論として、脱退する税理士の責任を否定した。

　退職ないし税理士法人を脱退する税理士としては、次の点に留意すべきである。

　① 在職中に挨拶程度を超えて積極的に既存の契約を打ち切って、

自己との新規契約を勧誘すると損害賠償責任が発生する場合がある。

② 退職後は、従前の勤務先との特別の禁止合意がない限り、従前の依頼者に対する勧誘行為は自由である。ただし、従前の勤務先の誹謗中傷など、「社会通念上自由競争の範囲を逸脱した違法な態様で元雇用者の顧客を奪取したとみられるような場合」には違法となる。

◆税理士の注意義務の類型としては、大きく以下の類型に分けられる。
① 説明助言義務
② 有利選択義務
③ 不適正処理是正義務
④ 前提事実の確認義務
⑤ 積極調査義務
⑥ 税法以外の法令調査義務
⑦ 租税立法遵守義務
⑧ 第三者に対する義務
⑨ 退職税理士の注意義務
　裁判例では、これらの注意義務違反が争われているから、それぞれの注意義務の内容を理解し、日常の業務を行うことが肝要である。

第3章

税理士に対する損害賠償請求の裁判例

第3章 税理士に対する損害賠償請求の裁判例

● 契約の成否が問題となった裁判例（その1）

東京地裁平成12年6月30日判決（TAINS　Z999-0066）

(1) 請 求 額

　金235万6850円

(2) 判　　決

　金235万6850円を支払え。

(3) 事　　案

1　依頼者Xは、進学教室及び学習塾の経営を主たる業務とする有限会社A社の取締役である。

2　Yは、乙会計事務所を開設している税理士である。

3　A社は、昭和61年ころから平成8年2月ころまでの間、Yとの間で税務顧問契約を締結し、右契約に基づき、Yは、A社の記帳、決算及び税務申告等の業務を行ってきた。

4　Xは、平成6年ころから平成8年2月ころまでの間、A社とYとの税務顧問契約に付随して、Yに対し、個人としての確定申告書の作成等の業務を依頼していたほか、各種の税務相談を依頼していた。ただし、XからYに対し、A社との顧問契約とは別途の顧問報酬は支払われていなかった。

5　Xは、昭和61年4月15日、自己の居住に供する目的で、建物を代金2380万円で購入した。

6　Xは、平成5年9月ころに本件建物から転居して本件建物が空室となったため、適当な契約条件であれば、本件建物を第三者に売却したいと考えていたこと、Xは、Yから、居住用財産を居住の用に供さなくなってから3年以内に売却した場合、3000万円の限度で譲渡所得の特別控除の制度（租税特別措置法35条）の適用を受けられる旨の説明を受けたこと、またYから本件建物を売却するまでの間従業

●契約の成否が問題となった裁判例（その1）

員の社宅として利用してはどうかとのアドバイスを受けたことから、本件建物をA社に売却して従業員の社宅とすることを考えた。

そして、Xは、平成7年4月13日ころ、Yに電話をし、Xが本件建物をA社に売却した場合にも、居住用資産についての譲渡所得の特別控除の適用を受けられるかどうかを尋ねたところ、Yから適用を受けられる旨の回答を受けた（以下「本件教示」という。）。

7　Xは、Yからの本件教示を信用して、平成7年4月26日、A社に対し、本件建物を代金3780万円で売却した（以下「本件売買契約」という。）。

8　ところが、本件売買契約は同族会社に対する売却にあたるため、租税特別措置法施行令23条による同法施行令20条の3第1項の準用により、同法35条の特別控除の適用が排除され、Xは、本件売買契約について、居住用資産の譲渡所得の特別控除の適用を受けられなかった。

その結果、Xは、本件売買契約による譲渡所得税として348万6000円及び地方税として109万3050円の合計457万9050円を課税された。

9　Yが、本件教示において、Yに対し誤った教示をしたのは、Yが当時、居住用資産の譲渡所得の特別控除が同族会社への譲渡の場合には適用されないことを知らなかったためである。

裁判所の判断

1　Yは、税務に関する専門家として、独立した公正な立場において、申告納税制度の理念にそって、納税義務者の信頼にこたえ、租税に関する法令に規定された納税義務の適正な実現を図ることを使命とする（税理士法1条）税理士を業とする者であり、Xとの間で税務相談を内容とする本件顧問契約を締結していたのであるから、Xから税務相談を受けた場合には、租税に関する法令に規定された納税義務の適正な内容をXに教示すべき契約上の注意義務を負っていた

というべきである。
　しかしYは、租税特別措置法及び同法施行令によって居住用資産の譲渡所得の特別控除が同族会社への譲渡の場合には適用されない旨定められているにもかかわらず、このことを知らずに、Xが本件建物をA社に売却した場合にも右特別控除の適用を受けられる旨の誤った本件教示をした。これは、本件顧問契約上の注意義務に反する債務不履行に該当することは明らかである。
2　Yは、Xとの間に顧問契約は存在しないと主張するが、顧問契約が存在しないならば、Xから相談を受けた際に、X個人の相談は受けられない旨相談の受理を拒否すれば足りるのであって、右相談に応じたこと自体本件顧問契約の存在を裏づける事情といえる。
　また、Yが、Xから、A社との顧問契約とは別途の顧問報酬を受け取っていなかったことは前記のとおりであるが、Xからの本件相談内容は、租税特別措置法35条1項本文に規定されている基本的事項に関するものであって、税理士としては初歩的知識というべく、その教示を誤ったという行為は、たとえ無償の顧問契約であったとしても、契約上の義務に反する重大な過失といわなければならない。
3　したがって、YはXに対し、本件顧問契約上の債務不履行に基づき、本件教示と相当因果関係のあるXの損害について、これを賠償すべき義務を負うというべきである。

―――― 解　説 ――――

　税理士は、法人とは顧問契約を締結していたが、取締役個人とは顧問契約を締結していないと主張した。顧問契約（委任契約）が存在しなければ、委任契約に基づく善管注意義務もない、という主張である。しかし、裁判所は、過去の2年間、個人としての確定申告書の作成等の業務を依頼していたほか、各種の税務相談を依頼していたことから、個人の取締役との間にも黙示の顧問契約の成立を認めた。また、税務相談に応じたこと自体を顧問契約の存在を裏付ける事情と認定してい

る。さらに、本件知識が税理士として初歩的知識であることは、無償の顧問契約であることを考慮しても契約上の義務に反する重大な過失であると断じている。

　本件で、裁判所は、過去の２年間、個人としての確定申告書の作成等の業務を依頼していたほか、各種の税務相談を依頼していたことなどを理由として顧問契約の存在を認定した。しかし、顧問契約は継続的契約であり、通常は有償で成立するものである。本件では、個別の確定申告業務の委任契約や個別の税務相談業務の委任契約を認定するべきであった、と考える。

対策

　税理士は、法人と顧問契約を締結した場合には、その法人の代表者の個人の所得税確定申告業務を受任したり、個人の税務相談を依頼されることも多い。また、法人にグループ会社がある場合には、顧問契約を締結していないグループ会社の税務相談等を依頼されることも多い。そのような場合に、正規の契約上の義務の履行としてではなく、安易に回答するときはミスが生じやすいし、契約書が存在しないことから、義務の範囲やお互いの役割分担等で解釈の相違が発生する場合がある。

　そこで、このような紛争を防止するためには、税理士が業務を行う場合には、必ず契約書を締結することが望まれる。また、今回は無償の顧問契約と認定された上で、損害賠償責任が認められていることを考えると、無償の業務においても、報酬額を「０円」として委任契約書を締結することが望ましい。

◆税理士が業務を行うときは、必ず契約書を締結することが大切である。

●契約の成否が問題となった裁判例（その2）

東京高裁平成7年6月19日判決（TAINS　Z999-0009）

(1) 請 求 額

合計2044万5200円

(2) 判　　決

合計834万6870円を支払え。

(3) 事案の概要

1　被相続人は遺言書を残しており、法定相続人のうちの1人が全てを相続することとなっていたので、期限内に遺言書に従った相続税申告をA税理士に依頼して行った。

2　その後、法定相続人間で話し合いをし、遺言書によらずに遺産分割協議を行うことになり、遺産分割協議が成立したが、A税理士に報酬を支払っていなかったので、相続税の修正申告を依頼できない状態であった。

3　Y税理士の妻がたまたま相続人の娘の友人であったことから、税理士は好意かつ無報酬で委任状を徴求し、期限後に修正申告書を作成し、作成税理士欄に署名捺印の上、税務署に提出した。

4　なお、委任状には、委任事項として、「1　平成元年12月9日死亡した被相続人Bの相続財産について所轄税務署長に対し相続税の修正申告をなし、また当該申告に係わる税務調査に対して立会説明をなすこと。2　上記の行為に付随する税理士法2条の一切の税理士業務を行うこと。」との記載があった。

5　相続人は納付期限に納税できず、延滞税等の支払を余儀なくされたが、これはY税理士が延納許可申請手続を怠るとともに、相続税を納付できるかどうか、また納付できないときの延納許可申請手続の説明助言義務を怠ったためである、として、損害賠償請求訴訟を

提起した事案である。
6　Y税理士は、好意により修正申告書を作成しただけであり、税理士業務の委任を受けていない旨主張した。

> **裁判所の判断**
> 1　Y税理士は、Xらからの委任状を受領するに当たり、税理士業務を受任するものではないことを説明したことはなく、税理士がその業務に関する委任状を徴求したことは、その委任状に記載の委任事項についての業務を受任したものというべきである。
> 2　報酬の約束の有無は、委任契約の成立を左右するものとはいえない。
> 3　XらとY税理士との間で、延納許可申請をするかどうかについて話が出たことはなく、XらがY税理士に差し入れた委任状にも延納許可申請をすることの委任事項の記載はないのであるから、延納許可申請をすることが委任の内容となっていたと認めることはできない。
> 4　税理士は、税務に関する専門家として、独立した公正な立場において、申告納税制度の理念にそって、納税義務者の信頼にこたえ、租税に関する法令に規定された納税義務の適正な実現を図ることを使命とするものである（税理士法1条）。税理士は税務の専門家であるから、税務に関する法令、実務の専門知識を駆使して、依頼者の要望に適切に応ずべき義務がある。すなわち、相続税の修正申告手続を受任した場合には、善良な管理者として依頼者の利益に配慮する義務があることはもちろんであり（民法644条）、税理士法上の義務として、法令に適合した適切な申告をすべきことは当然であるが、法令の許容する範囲内で依頼者の利益を図る義務があるというべきである。そして、租税の申告（税額の確定作業）に伴い租税の納付が必要となるのであり、依頼者に納付の時期及び方法について周知させる必要がある。
> 5　本件においては、相続税の修正申告に当たっては、相続税の納付

がいつ必要であるのかをXらに説明し、その納付が可能であるかどうかを確認し、これができない場合には、延納許可申請の手続をするかどうかについてXらの意思を確認する義務があるというべきである。このような納付についての指導、助言を行うことは、本件の事情のもとにおいては、単なるサービスというものではなく、相続税の確定申告に伴う付随的義務であり、この懈怠については債務不履行責任を負うものと解するのが相当である。

解　説

　本件で、税理士は、「好意かつ無報酬」で申告書の作成提出をしただけであり、税理士業務として行ったものではない、と主張した。しかし、裁判所は、委任状を受領する際に、「税理士業務として行うのではない」と説明していない以上、委任状を受領することにより委任契約が成立する、とした。

　民法第648条1項は、「受任者は、特約がなければ、委任者に対して報酬を請求することができない。」と規定している。民法の原則では、委任契約は無報酬が原則となり、報酬の特約をした場合のみ報酬請求権が発生する。この点、商法第512条が、「商人がその営業の範囲内において他人のために行為をしたときは、相当な報酬を請求することができる。」として、商人の営業の範囲内の行為には、原則として報酬請求権が発生するのと異なる。

　裁判所は、民法第648条1項を前提として、報酬の有無は、委任契約が成立するかどうかを左右しない旨判断している。

　そして、本件では（納付金額が大きいことも影響していると思われる）、相続税の納付がいつ必要であるのかを依頼者らに説明し、その納付が可能であるかどうかを確認し、これができない場合には、延納許可申請の手続をするかどうかについて依頼者らの意思を確認する義務があるというべきである、と判示している。

対策

　まず、好意かつ無報酬でも委任契約が成立する、という観点からは、無報酬の場合であっても、報酬金額を「0円」として委任契約書を締結することが推奨される。なぜなら、契約書で業務範囲を明確にすることにより、本件のように延納許可申請手続まで受任したかどうか、というような争いを避けることができ、それぞれの責任分担を規定することができ、他の税賠防止の規定を適用させることができるためである。

　また、相続税においては、当初申告においては納付時期は契約時に明らかにできること、期限後の修正申告においては、修正申告書を提出する日が納付期限であることが決まっていることから、契約時において、契約書ないしその他の書面にて、納付日、現金納付の原則、延納許可申請手続、物納許可申請手続の一般的説明をしておくことが可能である。そのような作業をしていれば、本件訴訟は回避できたのではないか、と思われる。

◆税理士が税理士業務を行うときは無報酬で行っても法律上委任契約が成立し、高度の注意義務が発生する。したがって、無報酬であっても報酬を「0円」として委任契約書を締結することが望ましい。

●業務範囲が問題となった裁判例（契約書が存在する場合）

東京地裁平成24年3月30日判決（判例タイムズ1382号152頁）

⑴　請 求 額
　　1594万6930円
⑵　判　　決
　　請求棄却（税理士勝訴）
⑶　事　　案
1　Xは、映画の製作、配給、販売、著作権管理及びこれらの業務に付帯する一切の業務を目的として平成20年1月21日に設立された株式会社である。
2　Yは、税理士法人である。
3　Xは、平成20年3月24日、Yとの間で、Xの税務及び会計業務に関する顧問契約を締結した（以下「本件顧問契約」という。）。
4　Xは、平成21年1月5日、他の出資者5社との間で、各自が出資をして「S」と題する映画（以下「本件映画」という。）の共同製作を行うことを目的として、「S」製作委員会（以下「製作委員会」という。）を組織すること等を合意した。この時点におけるXの出資比率は、66.67％である。
5　Xが第2期事業年度末に在庫として有していた本件DVD等について仕入税額控除を受けられなかった。
　ア　Xは、設立時の資本金の額が2万円であったため、平成20年1月21日から同年9月30日までの事業年度（以下「第1期」という。）は免税事業者、第1期中に資本金の額を3602万円に増加させたため、同年10月1日から平成21年9月30日までの事業年度（以下「第2期」という。）は課税事業者となり、また、同年10月1日から平成22年9月30日までの事業年度（以下「第3

期」という。）は、その基準期間である第1期に課税売上げがなく、かつ、第2期末である平成21年9月30日までに本件届出書を提出しなかったため、免税事業者となった。

イ　Yは、平成21年11月30日、Xの第2期の消費税の確定申告として、Xが第2期に課税仕入れをし、第2期末に在庫として有していた本件映画の○○向け特別版DVD（以下、この特別版DVDを「本件DVD」という。）9万1817枚等について仕入税額控除を受けられることを前提に、2206万1040円の消費税の還付を受ける旨の申告書を作成し、提出した。しかし、Xは、第3期において免税事業者となったため、第2期の消費税の計算において、期末の在庫である本件DVD等について仕入税額控除を受けられなかった。

6　Xは、平成22年4月15日、本件顧問契約を解約した。

7　そこで、Xは、Yが消費税法上の課税事業者選択届出の提出に関する指導、助言等の義務を怠ったことから、Xは第2期事業年度の消費税等の計算において、期末に在庫として有していた棚卸資産について仕入税額控除を受けられなかったと主張して、Yに対し、債務不履行に基づき、仕入税額控除を受けられていた場合に得られていたとする還付金相当額1594万6930円の損害を求めた事案である。

> **裁判所の判断**
>
> 1　本件顧問契約において、契約書上の委任業務の範囲は、税務代理及び税務書類の作成、税務調査の立会、税務相談、会計処理に関する指導及び相談、財務書類の作成、会計帳簿の記帳代行と定められており、Xの税務に関する経営判断に資する助言、指導を行う旨の業務（いわゆる税務に関する経営コンサルタント業務）まで含むとは定められていないこと、YによるXの定期訪問が予定されていないこと、XはYに対して委任業務の遂行に必要な資料等を提供する

責任を負うものと定めていること、顧問報酬は月額2万円と比較的低廉であることが認められる。
2　これらの事情からすれば、Yが本件顧問契約上なすべき業務は、基本的に契約書に明記された上記の税務代理や税務相談等の事項に限られるものであり、当該税務相談としてXからの税務に関する個別の相談又は問合せがない限り、Yにおいて、Xに対し、Xの業務内容を積極的に調査し、又は予見して、Xの税務に関する経営判断に資する助言、指導を行う義務は原則としてないものと解すべきである。
3　もっとも、本件顧問契約は、Yが税理士法人であり専門的知識を有することを前提として締結されたものであることからすれば、Xからの個別の相談又は問合せがなくても、Xから適切に情報提供がされるなどして、Yにおいて、Xの税務に関連する行為により課税上重大な利害得失があり得ることを具体的に認識し又は容易に認識し得るような事情がある場合には、Xに対し、その旨の助言、指導等をすべき付随的な義務が生じる場合もあるというべきである。
4　しかしながら、……第2期中にXからYに対して、製作委員会の権利義務関係の詳細、本件DVDの製造及び販売の開始時期、販売状況、在庫状況について、具体的な説明がされたことを認めるに足りる証拠はない。

　また、Xが第2期末に本件DVDの在庫を大量に抱えることになったのは、Xが第2期末の直前の平成21年9月9日に本件DVDのすべての在庫の所有権を取得したことによるものであるが、Xはこのことをγに対して何ら連絡、相談していない上、Yから同年9月に決算処理に必要な月次資料、新規の契約書の写し、第2期末の在庫がわかる資料等を送付するよう依頼を受けたにもかかわらず、第2期末までにそれらの資料を送付していないのであり、本件全証拠によっても、Yにおいて、Xによる本件DVDの上記取得の事実を第2期末までに具体的に認識し又は容易に認識し得たと認めるに足りる

●業務範囲が問題となった裁判例（契約書が存在する場合）

証拠はない。
　したがって、Yは、第2期末までに、Xが期末時点で仕入額が高額となる大量の在庫を抱え、かつ、それを第3期及び第4期においてもほとんど販売することが見込めない特段の事情があったこと、ひいては、本件届出書を提出して課税事業者となった方が課税上有利になることを具体的に認識し又は容易に認識し得たとはいえない。
5　以上によると、本件顧問契約において、Yは、Xに対し、Xの業務内容を積極的に調査し、又は予見して、Xの税務に関する経営判断に資する助言、指導を行う義務は原則としてない上、Xから適切に情報提供がされるなどして、Yにおいて、Xが本件届出書を提出して課税事業者となった方が課税上有利になる特段の事情を有していたことを、具体的に認識し又は容易に認識し得たとはいえないから、Xが主張するように、①本件制度の存在をあらかじめ助言する義務や②第2期末に在庫商品が生じると見込まれるときはあらかじめYに連絡をするように注意喚起する助言、指導をする義務があったとはいえない。

解　説

　本件は、税理士と依頼者との顧問契約における業務範囲が問題となった裁判例である。具体的には、税理士が消費税に関する顧問業務の中に、依頼者の「税務に関する経営判断に資する助言、指導」を行う義務があるかどうか、である。
　この点、裁判所は、基本的に契約書に明記された上記の税務代理や税務相談等の事項に限られるものであり、当該税務相談として依頼者からの税務に関する個別の相談又は問合せがない限り、税理士において、依頼者の業務内容を積極的に調査し、又は予見して、依頼者の税務に関する経営判断に資する助言、指導を行う義務は原則としてない、と判断した。

ただし、税理士が、依頼者に課税上重大な利害得失があり得ることを具体的に認識し又は容易に認識し得るような事情がある場合には、税務の専門家としての顧問契約に付随する義務として、適切な助言指導をする義務があるものとした。

対策

　本件では、裁判所は、税理士の業務範囲の認定において、契約書の記載を重視した。税理士に対する損害賠償に関する裁判例において、税理士の業務範囲が問題となるのは、契約書が存在しない場合が多い。そのことから考えると、業務範囲に関する争いをなくすためには、契約書を締結し、契約書の中で業務範囲を明確にすべきことが望まれる。税理士の中には、依頼者からの好印象を得るために、「コンサルティング業務」など、実際には想定されない業務まで契約書に記載してしまうケースも見られるが、業務範囲をいたずらに不明確にし、紛争の原因となるため、望ましくない。契約書には、なすべき業務のみを明確に規定すべきである。

◆税理士と依頼者との契約書が存在する場合、裁判所は、税理士の業務範囲については、契約書の記載を重視する。したがって、契約書には、受任業務を明確かつ限定的に記載すべきである。

●業務範囲が問題となった裁判例（契約書が存在しない場合）

東京地裁平成25年1月22日判決（判例タイムズ1413号373頁）

(1) 請求額

9462万7621円

(2) 判　決

請求棄却（税理士勝訴）

(3) 事案の概要

1　Xは、税理士であるYに対し、平成2年6月ころ、税務代理、税務書類の作成、税務相談のほか、財務書類の作成、会計帳簿の作成の元となる仕訳データに基づく記帳の代行、その他財務に関する事務を委任し、Yはこれを受任した（以下「本件委任契約」という。）。

2　その受任期間は、Xの平成3年2月期（平成2年3月1日から平成3年2月28日まで。Xの事業年度は前年の3月1日から当年の2月末日までであり、以下同様である。）から平成22年2月期の期中の平成21年8月までであった。

3　Xが不正経理がされたと主張する時期は、平成13年2月期から平成21年2月期までである。そのうち、平成20年2月期と平成21年2月期は、Xには利益が生じておらず、Xは、住民税及び法人税の納税義務を負わなかった。

4　Xは、税理士であるYに対し、Xにおいて9期にわたり合計約3億円の利益を過大に計上する不正経理がされたところ、Yが委任契約に基づく善管注意義務に違反しあるいは不法行為（使用者責任）により、上記不正経理を是正せずに税務申告手続をしたため、Xが合計6422万7778円の過大な法人税及び住民税を支払わざるを得なかったとして、損害賠償を求めた事案である。

第3章 税理士に対する損害賠償請求の裁判例

> **裁判所の判断**
>
> 1 本件委任契約の委任業務に、税務代理、税務書類の作成、税務相談のほか、財務書類の作成、会計帳簿の作成の元となる仕訳データに基づく記帳の代行、その他財務に関する事務が含まれていたことについては、当事者間に争いがない。
>
> 2 本件の争点は、本件委任契約の委任業務に、①税務顧問、会計顧問及び関連帳票作成の業務が含まれ、その内容として、財務書類の作成及び会計帳簿の記帳代行の前提として原始資料に基づき仕訳伝票をチェックする業務が含まれるか否か、②経営コンサルタント業務が含まれるか否かである。
>
> 3 本件委任契約に関してXY間で締結された契約書は存在しない。したがって、口頭により、あるいは黙示的にいかなる合意が成立したかを検討する。
>
> 4 会計顧問については、……本件委任契約においても会計顧問の業務が委任業務に含まれていたものと推認するのが相当である。
>
> 5 会計顧問の業務は、税理士法2条2項が定める付随業務に含まれると解されるところ、その業務内容について一般的に規定する法令や定まった解釈が存在する訳ではなく、その業務内容は契約当事者間の合意により個別に決定されるものというべきである。したがって、Yが会計顧問であることから、直ちに、原始資料に基づき仕訳伝票をチェックする業務が委任業務に含まれていたということはできない。また、会計帳簿の記帳代行業務が本件委任契約の委任業務に含まれているとしても、そのことから直ちに、その前提として原始資料に基づいて仕訳をして会計帳簿を作成する業務、あるいは、原始資料に基づき仕訳伝票をチェックする業務までが委任業務に含まれていたということはできず、これが含まれていたか否かは、やはり契約当事者間の個別の合意の内容によるものというべきである。
>
> 6 Xにおいては、本件委任契約締結前から、経理担当者の丙が経理事務の長い経験を有し、原始資料からの仕訳、会計帳簿、財務書類

及び税務書類の作成を行い、その能力を有していたところ、本件委任契約締結後においても、丙が原始資料から仕訳を行うことについて変更はなく、Y事務所においてその仕訳伝票を丙から受け取って会計帳簿の記帳代行、財務書類及び税務書類の作成を行うという業務の流れがとられ、その業務の流れは、Xの経理担当者が丙から丁に引き継がれても変わらず、平成18年中に仕訳入力ソフトの導入に伴い仕訳伝票の授受が仕訳データの授受に変わった以外は、本件委任契約締結当初から契約終了時までの約19年間変更がなかったものであり、その間、Yが原始資料から仕訳を行わないことについてXが異議を述べたことはなかったものである。かかる事実からすると、本件委任契約締結に際し、XY間において、原始資料から仕訳を行う業務までを委任業務に含める旨の合意が成立したものと推認することはできず、原始資料からの仕訳はXが行うものとの合意が成立したものと推認せざるを得ない。

　また、Xが原始資料から仕訳を行った結果である仕訳伝票あるいは仕訳データは膨大な分量であること、XがYに仕訳の基となる原始資料を預けることはなかったこと、Yが原始資料を直接確認する作業を行っていないことについてXが異議を述べたことはなかったことから、本件委任契約締結に際し、XY間において、原始資料に基づき仕訳伝票をチェックする業務までを委任業務に含める旨の合意が成立していたと推認することもできない。

7　本件委任契約の委任業務に、原始資料から会計帳簿を作成する業務、あるいは、原始資料に基づき仕訳伝票をチェックする業務が含まれていたとはいえないから、本件委任契約上のYの善管注意義務には、Xが作成した仕訳伝票あるいは仕訳データの基となった個別の取引の実在性、個別の資産あるいは負債の実在性等を原始資料に当たって精査すべき義務は含まれていなかったものというべきである。なお、Yが、Xが課税標準等の基礎となるべき事実を隠蔽又は仮装している事実があることを知ったときに直ちに是正するよう

助言する義務を負うことは別論である（税理士法41条の3）。

―― 解　説 ――

　本件では、税理士と依頼者との間で契約書が締結されていなかった。そこで、過去の業務の状況を分析して、口頭あるいは黙示の契約が成立したものとして、その内容を確定した。

　裁判所は、依頼者の方で原始資料から仕訳を行い、Y事務所においてその仕訳伝票を受け取って会計帳簿の記帳代行、財務書類及び税務書類の作成を行うという流れが19年間続いており、それは、担当者や会計ソフトの変更にもかかわらず変わらなかったことから、税理士の行う業務には、原始資料から会計帳簿を作成する業務や原始資料に基づき仕訳伝票をチェックする業務は含まれない、と判断したものである。

対　策

　本件では、19年間の一貫した業務の流れから、税理士は原始資料を精査する義務を負わないと判断されたが、仮に税理士が途中で好意から原始資料から仕訳をしたり、仕訳伝票をチェックしたりという作業を行っていた場合には、判断が異なっていた可能性がある。

　したがって、委任契約を締結する際は、必ず契約書を作成することとし、税理士がいかなる範囲の業務を行うか、契約書の記載により明確化しておくことが望ましい。たとえば、「依頼者は、原始資料から仕訳伝票を作成して税理士に提出するものとし、税理士は原始資料を確認することなく、仕訳伝票から会計帳簿を作成すれば足りるものとする」等と記載しておけば、本件のような争いは避けられると思われる。

◆税理士と依頼者との契約書が存在しないときは、税理士の業務範囲が不明確となり、紛争に発展しやすい。したがって、業務を受任する際は、必ず契約書を締結し、契約書において業務を明確かつ限定的に記載すべきである。

●業務範囲が問題となった裁判例（横領発見義務）

東京地裁平成28年5月18日判決

(1) 請求額

7087万3500円

(2) 判決

請求棄却（税理士勝訴）

(3) 事案の概要

1　Y税理士は、Xが診療所を開設するに当たり、顧問契約を締結したが、契約書等の書面は作成されなかった。

2　Y税理士は、本件顧問契約に基づく業務として、現金出納帳及び合計残高試算表の作成、毎年の決算処理、総勘定元帳及び決算書の作成、Xの所得税の確定申告業務及び消費税の確定申告業務を行っていたが、Xに経営上の助言や指導をしたり、本件クリニック内で不正が行われているかどうかを調査したりすることはなかった。

3　診療所の従業員Aは、Y税理士に対し、平成21年5月15日、本件診療所における3000万円を横領したことを告白したが、Y税理士は、これを直ちにXに報告せず、Aは、Xに対し、同月22日、横領したことを伝えた。

4　Xは、Y税理士に対し、①Xが雇用していたAの横領につき、Y税理士が、会計上の不正行為の有無を調査しなかったこと、または会計上の不正行為が疑われる事実を報告しなかったことが、税務顧問契約上の債務不履行になるとして、損害賠償を請求した。

> **裁判所の判断**
>
> 1　本件顧問契約については、作成された契約書等はなく、Xが、明示的に、Y税理士に対し、不正行為についての調査を委任したと認めることはできない。

2　Xは、Y税理士に対し、税理士としてできる全てのことを委任し、それには経営指導も含まれていたと主張し、これに沿う供述をするが、仮にXがそのように認識していたとしても、それは主観的な期待にすぎず、税理士の業務が、税務代理、税務書類の作成、税務相談及び付随業務としての財務諸表の作成、会計帳簿の記帳代行等である（税理士法2条）ことに照らしても、Xの期待がやむを得ないといえるような客観的な事情を認めることはできないのであって、Xの主張を採用することはできない。

3　したがって、Y税理士は、Xに対し、会計上、不正行為が行われているかを調査する義務があったと認めることはできない。

4　（報告義務）本件顧問契約は、委任契約または準委任契約であって、受任者であるY税理士は、委任事務を処理するに当たって、委任の本旨に従った善管注意義務を負う。しかし、本件顧問契約において委任されたのは、税理士の本来業務及び付随業務であって、本件診療所の適正な運営、委任者であるXの財産の管理や保全が委任の本旨になるものではないため、善管注意義務の内容として、Y税理士が、一般的に、Xの財産または本件診療所の運営に対する不正が疑われる状況にあるのかどうかを判断し、Xに報告すべきであったということはできない。

5　仮に、Y税理士が委任事務を処理する際、会計上、不正行為が行われていることを知り、または不正行為が行われていると疑われる状況を知ったにもかかわらず、Xに報告しなかったとしても、安易にこれをXに報告することは、かえって当該不正行為を行ったと疑われた者に対する名誉毀損等の問題すら生じかねないのであって、法的な責任を負うべき義務違反はないというべきである。

―――――― 解　説 ――――――

　本件では、税理士が、①依頼者の会計上の不正行為を発見する義務があったか、②不正行為を発見したときに報告する義務があったか、

が争われた事案である。本件では、契約書が作成されていなかったが、裁判所は、税理士が行っていた業務を認定した上で、契約の業務範囲に不正行為発見業務は含まれておらず、本来的な税理士業務のみが業務範囲であると認定した。そして、不正行為を発見したときの依頼者への報告義務についても、安易に報告するときは当人に対する名誉毀損等の問題すら生じかねないことから法的な責任を負う義務違反はない、と判断し、税理士の損害賠償責任を否定した。

ただし、本件は事例判断であり、全ての事例において税理士に不正行為発見義務ないし報告義務がない、とされるとは限らない。税理士は、税務に関する専門家として、独立した公正な立場において、申告納税制度の理念にそって、納税義務者の信頼にこたえ、租税に関する法令に規定された納税義務の適正な実現を図ることを使命とする（税理士法第1条）。それゆえに、税理士が故意または相当の注意を怠って真正の事実に反して税務代理若しくは税務書類の作成をしたときは、懲戒処分を受けることになる（同法第45条参照）。したがって、不正行為ということではなく、税理士業務を行う上で、資料や事実関係の調査を怠って不正を見落としたような場合には、不正行為発見義務ということではなく、税理士業務における善管注意義務違反として、損害賠償責任が発生する可能性がある。

対策

本件は、税理士による不正行為発見義務を否定し、他にも横領など不正行為発見義務を否定した裁判例はあるが（富山地裁平成12年8月9日判決・TAINS　Z999-0042、東京地裁平成16年10月18日判決・TAINS　Z999-0095）、不正行為発見義務が業務範囲かどうかの紛争を回避するためには、まず契約書を締結し、業務範囲を明確にしておくことである。本件では、過去に税理士が行っていた業務を認定した上で、業務範囲を確定したが、契約書

が存在すれば、立証が容易になるだろう。

　また、不正行為発見義務、報告義務がないとしても、横領等の不正行為があったときは、会計帳簿や税務申告書の内容が真正の事実に反することとなっているのであるから、その内容を精査し、納税義務の適正な実現を図る義務がある。その観点から、税理士は、事実を調査した上で、依頼者に対して適切な説明助言をすることが求められるものと言える。

◆税理士の業務として、関与先会社の従業員の横領行為などを発見する義務がないとしても、申告書作成業務を受任している場合には、その申告書の内容を真正なものにすべき義務は負っていることに注意すべきである。

●注意義務の程度が問題となった裁判例（業種判断）

東京地裁平成13年10月30日判決（TAINS　Z999-0059）

(1)　請求額

　527万8500円

(2)　判　決

　325万8216円を支払え。

(3)　事案の概要

1　Xは、衣料用繊維製品及び服飾雑貨アクセサリーの企画及び製造、販売等を主たる業として、平成7年10月4日に有限会社として設立されたが、その後、平成12年11月21日に有限会社から株式会社に組織変更した。

2　Yは、税理士であり、Xとの間で、平成8年1月初めころ、Xの事業に係る法人税等の各種税につき、税務代理や税務書類の作成等の各種業務を受任する契約（以下「本件委任契約」という。）を締結していた。

3　Xは、平成7年10月4日の設立時から平成8年9月30日までの第1期事業年度の売上高が3000万円を超えたため、2事業年度先である第3期事業年度（平成9年10月1日から平成10年9月30日までの期間）から消費税の納税義務を負担することとなった。そこで、Yは、本件契約に基づく税務代理業務として、平成8年11月19日、所轄のB税務署長に対し、課税事業者となったことを届け出る書面であるX名義の消費税課税事業者届出書を提出するとともに、消費税の課税に当たっては簡易課税制度の適用を選択することを届け出る書面である消費税簡易課税制度選択届出書（以下「本件選択届出書」という。）を提出した。

4　Xは、簡易課税制度を選択した結果、第3期事業年度分として

470万9500円、第4期事業年度（平成10年10月1日から平成11年9月30日までの期間）分として336万3800円の各消費税の納税義務を負担した。

5 Yは、本件委任契約に基づく税務代理業務として、平成10年11月24日、所轄のC税務署長に対し、自ら簡易課税制度の適用を届け出ていたにもかかわらず、誤って一般課税制度の適用を前提とした消費税申告書を提出し、その結果、Xは、さらに過少申告加算税42万6500円、延滞税4万1800円の納税義務を負担することとなった。

6 そこで、Xは、Yが消費税課税制度を選択するに当たり、Xの業務形態を十分に調査しないまま簡易課税制度を選択させた行為により、一般課税制度を選択した場合に比べて損害を被ったとして損害賠償請求をした事案である。

裁判所の判断

1 Xは、平成7年10月の設立当初から、外注先の縫製工場や加工工場へ生地や半製品を支給して、裁断や縫製、仕上げを依頼するなどして婦人服等の製品を作り、完成した製品を業者や商社に販売することを主たる業務としていたこと、このような業務は製造業ないしは加工業に相当するものであったことが認められる。

2 そして、平成11年1月の税務調査により、第3期事業年度のXの課税売上高は、第3種の製造業に属するものが38.0パーセント、第4種の加工業に属するものが61.9パーセントと判定されたのであるが、Xの業務内容は、設立当初から今日まで大きな変化はないから、平成8年11月当時においてもYから必要な資料の提示を求められたり、質問を受けたりすれば、Xはほぼ税務調査の場合と同様の内容の受け答えをしていたことが優に推認される。

3 このことからすれば、Yとしては、平成8年11月当時においても必要な調査を遂げれば、Xの業務内容の態様が製造業ないし加工業に属するものであることを判断し得る状況にあったというべきである。

第3章 税理士に対する損害賠償請求の裁判例

4　顧客から委任を受けた税理士としては、消費税法37条1項に規定された簡易課税制度を選択すべきかどうかを判断するに当たっては、顧客からの事情聴取や調査等を行い、事実関係を把握する必要があり、特に先に述べたとおり、簡易課税制度においては、課税売上をいくつかの業種に分類した上で、それぞれに対して異なるみなし仕入率が適用されることに鑑みれば、簡易課税制度の採用が納税額を減少させるか増大させるかの検討のため当該事業者の課税売上が属する業種や、実際の仕入率について十分な調査を遂げる必要があるというべきである。

5　これを本件について見ると、Yは、Xの課税売上が属する業種を判断するに当たり、Xが小売りを行わず、工場を有しておらず、自社では製造を行わないというX代表者からの事情聴取の結果や、若干の仕入先を調査した結果、主たるXの業務を卸売業と判断したものであるが、Xの業務内容は、その大要は原材料を購入してあらかじめ指示した条件に従って下請けに出し、あるいは半製品を下請けに仕上げさせることにより製品を製造し、完成品を業者や商社に販売するもので、製造業又は加工業に区分されるものであり、このことは少し時間をかけて取引先の請求書や売上台帳を点検したり、Xに対する質問や調査を行えば容易に判明し得たものと認められるから、Yの行った調査及び主たるXの業務を卸売業と判断した行為は、不十分かつ不適切なものであったといわざるを得ない。

―――――― 解　説 ――――――

　本件は、消費税における簡易課税における業種判断を誤ったものである。税理士は、簡易課税を検討するにあたり、業種を判断すべく、代表者に対して事情聴取をし、かつ、若干の仕入れ先を調査している。しかし、裁判所は、税理士の調査は不十分とし、依頼者の業種を正確に把握すべく、時間をかけて取引先の請求書や売上台帳を点検したり、

●注意義務の程度が問題となった裁判例（業種判断）

質問調査を行えば業種は容易に判明できた、として、税理士の注意義務違反を認めた。

対策

　税理士としては、依頼者の業種判断は慎重に行い、本則課税と簡易課税の有利不利判断をシミュレーションすることが必要であろう。
　また、簡易課税の業種判断については、説明書を作成し、依頼者に業種判断を選択させ、その上で税理士が改めて検討して業種判断することを検討してもよいだろう。さらに、説明助言を果たしたか否かの争いを回避するため、本則課税か簡易課税かの選択についても依頼者から確認書面を徴求することも検討されたい。

◆消費税における業種判断を誤ると、税額に影響し、損害が発生したときは、税理士の過失が認定されやすい。したがって、業種判断は安易に行うことなく、慎重に行うべきである。

●注意義務の程度が問題となった裁判例（証憑確認義務）

山形地裁鶴岡支部平成19年4月27日判決（TAINS　Z999-0113)

(1) 請求額（税賠部分）

4202万5120円

(2) 判決（税賠部分）

2630万4820円を支払え。

(3) 事案の概要

1　依頼者Xは、昭和39年6月30日に設立された、クリーニング業を主たる業とする株式会社である。他にグループ企業7社がある（以下「X等8社」という。）。

2　Yは、公認会計士及び税理士の資格を有し、山形県鶴岡市内において公認会計士Y事務所を経営している。

3　丙税理士は、税理士の資格を有し、Yに雇用されている者である。

4　X等8社は、平成5年4月から平成16年5月までの間、Yとの間で、それぞれ、税務代理、税務書類の作成、税務相談及びこれらの業務に付随する財務関係書類の作成、会計帳簿の記帳代行を行うことを内容とする税務顧問契約（以下「本件各税務顧問契約」という。）を締結していた。

5　Yは、同契約に基づく業務を丙税理士に担当させていた。

6　Xの管理費及び特別管理費の計上について、それを裏づける客観的資料による裏づけをすることなく、税務申告をして、後日の税務調査で指摘され、そのためにXが修正申告をせざるを得なくなった。

7　そこで、Xは、Yに対し、債務不履行に基づく損害賠償および報酬の不当利得返還を求めた事案である。

裁判所の判断

1　税理士は、税務に関する専門家として、独立した公正な立場において、申告納税制度の理念にそって、納税義務者の信頼にこたえ、租税に関する法令に規定された納税義務の適正な実現を図ることを使命とするものである（税理士法1条）。

2　そして、税理士は、税務の専門家として、依頼者から税務に関する相談を受けたときは、税務に関する法令、実務に関する専門的知識に基づいて、依頼者の依頼の趣旨に則り、適切な助言や指導を行う義務を負う。

3　本件において、Yは、自らX等8社の税務処理を担当していたのではなく、Yが雇用する丙税理士を担当チーフとして税務処理をさせていたのであるから、丙税理士は、Yが本件各税務顧問契約に基づく債務を履行するに当たっての履行補助者であったと解するのが相当である。

4　税務実務上、期末に一括して計上し、これが管理費として認められるためには、あらかじめ管理費に関するロイヤリティ契約を締結しておくことが必要であり、そのような契約を締結してない場合は、実費相当額以外は経費として認められない。

5　本件において、X等8社は、事前にロイヤリティ契約を締結することなく、管理費を期末に一括して計上していたこと、丙税理士は、前記のような税務上の扱い及びX等8社の管理費の処理の仕方を知りながら、計上している管理費は実費相当額である、また管理費の多くはXのいろいろな経費の中に紛れ込んでおり、その内容は容易には特定しがたく、資料としてまとめるにはとても時間がかかる旨のX代表者の説明を漫然と信じ、その内容を客観的資料によって確認することをしなかったこと、丙税理士は、平成11年度以降C社が特別管理費を計上するようになった際も、特別管理費として計上した額は工場移転に当たってXが負担した額である、今までの管理費では到底不足である旨のX代表者の説明を漫然と信じ、やはり、そ

の内容を客観的資料によって確認することをしなかったこと、鶴岡税務署から管理費及び特別管理費に関し指摘がなされた後、Y及び丙税理士は、Xの専務取締役の協力の下、総勘定元帳等からC社のための経費及びグループ会社の共通経費を拾い出す作業をしているところ、たとえX代表者が資料の提出を拒否したとしても、最終的にはXの専務取締役の協力を得るなどして、資料の開示を受ければ、Xが計上した管理費及び特別管理費が実費相当額であったか否かを明らかにすることは可能であったこと、C社は、本件税務調査により、管理費及び特別管理費が実費相当額であることの根拠を提示することができず、本件修正申告を余儀なくされた。

6 以上によれば、Yは、Xの管理費及び特別管理費の計上について、それを裏付ける客観的資料がない限り、経費として控除の対象にならないことを認識していながら、資料による裏付けをすることなく、漫然とX代表者が計上した額に基づき税務申告をし、そのためにXが修正申告をせざるを得なくなったと認めることができる。このことからすれば、Yには、本件各税務顧問契約における注意義務に違反した債務不履行があったといえる。

7 この点、Yは、丙税理士がX代表者に対し、事前にロイヤリティ契約を締結するか、実費相当額でなければ管理費の期末一括計上は認められないことを説明していたところ、X代表者から申告した額は実費相当であると説明を受けたので、それに従ったまでであり、Yとしては、できる限りのことをしたのであるから、何ら義務違反はない旨主張する。しかし、X代表者は、税務に関して専門知識を有する者ではないのであるから、税務の専門家である税理士としては、その説明が客観的根拠により裏付けられるか否か確認する必要はあったというべきである。

8 なお、丙税理士は、X代表者に対し、管理費及び特別管理費について、期末に一括計上するのであれば、事前にロイヤリティ契約を締結するか、あるいは実費相当額であることを明らかにしなければ

一切認められない旨説明していたにも関わらず、X代表者は、これに従わず、ロイヤリティ契約を締結しなかったこと、管理費等として計上した額を具体的に算定できる客観的資料は一切なく、申告した額は代表者の一存で決定した額にすぎないのに、あたかも資料があるかのような説明を丙税理士にしていたことに鑑み、過失相殺として50％の減額をした。

なお、本判決では、「記帳代行業務」の意味について、「本件各税務顧問契約の解釈に当たっては、税理士法の規定や同法所定の団体である日本税理士会連合会の指針等も参考にするべきところ、一般的に、記帳代行報酬とは、委嘱者の提示した資料及び伝票に基づき、総勘定元帳の記入及び試算表の作成等の事務を行うことによる報酬とされ、税理士が自ら帳簿の作成を行うという意味での記帳代行はむしろ避けるべきとされていることは前記で認定したとおりである。」とし、「このような事情に照らせば、本件各税務顧問契約上、記帳代行とは、当事者間で記帳代行業務の内容に関する個別的合意を行った等の特段の事情のない限り、委嘱者であるX等8社の提示した資料及び伝票に基づき、総勘定元帳の記入及び試算表の作成等の事務を行うことをいうと解するのが相当である。」と判示しているので、参考までに紹介する。

――――― 解　説 ―――――

本件では、税理士が依頼者に対し、管理費及び特別管理費について、期末に一括計上するのであれば、事前にロイヤリティ契約を締結するか、あるいは実費相当額であることを明らかにしなければ一切認められない旨説明したことを認定した。しかし、依頼者が税務に関して専門知識を有する者ではないことから、さらに立ち入って、依頼者からの回答が客観的根拠により裏付けられるか否か確認する必要はあったと判断した。

つまり、税理士の説明助言義務は、依頼者に対して形式的に説明するだけでは足りず、依頼者が説明助言を正確に理解しているか、また、説明助言の結果、依頼者から回答があった場合には、それが税務の観点から客観的根拠により裏付けられているかどうかまで立ち入って確認する注意義務がある、と判断したことになる。

―― 対　策 ――

　税理士の説明助言義務の程度が、上記のようなものであるならば、税理士が形式的に説明助言をし、依頼者が「承知した」というだけでは、説明助言を尽くしたことにならないことになる。

　税理士が依頼者に対し、「●●の資料が必要です」と説明助言し、依頼者が「資料は整っているので大丈夫です」と回答があった場合には、それで終了するのではなく、「では、一応確認したいので、資料を見せていただけますか？」と踏み込まなければならない、ということになる。

◆税理士に対する損害賠償訴訟においては、「依頼者がこう言いました」という抗弁は通りにくい。税理士が税務の専門家として、高度の注意義務を尽くしたか、が問われるので、依頼者の指示説明を盲信せず、資料を精査および質問等をすべきである。

●注意義務の程度が問題となった裁判例（調査義務の程度）

東京地裁平成27年3月9日判決（TAINS　Z999-0160）、東京高裁平成27年11月19日判決（控訴棄却）

(1) 請求額

合計4977万8225円

(2) 判　決

請求棄却（税理士勝訴）

(3) 事案の概要

本件は、①納税地の選択に関する注意義務違反と、②相続財産の調査義務違反が問われた事例である。

1　Y税理士は、平成21年9月25日に死亡した被相続人Aの相続人であるXらと平成21年9月26日付けで相続税業務に関し、委任契約を締結した。

2　Y税理士は、平成22年7月22日付け相続税の申告代理をしたが、後日税務調査が行われ、Xらは、B税理士の申告代理により修正申告をし、その結果、加算税等が課された。

3　（納税地選択の誤り）

Xらは、Y税理士が、相続税の軽減措置を受けられる「被相続人の居住の用に供されていた宅地等」として申告しながら、非居住地である千葉県所在の住居を住所地として納税地選択をした。しかし、東京都所在の居宅を住所地として納税地選択をしていれば、小規模宅地等の特例の適用を受け、相続税の軽減措置を受けられることが確実であり、少なくとも小規模宅地等の特例が適用される高度の蓋然性があったのに、納税地選択を間違えた、として、Y税理士の注意義務違反を主張した。

4　（相続財産の調査義務）

第3章 税理士に対する損害賠償請求の裁判例

　　Y税理士は、Xらに対し、相続税申告に必要な書類として、相続人の戸籍謄本、住民票、印鑑証明、被相続人の固定資産税評価証明書、賃貸借契約書、株式等、預貯金の通帳等・残高証明、債務及び葬式費用（請求書、領収書）、公図、登記簿謄本、農用地区域内証明書、戸籍謄本、生命保険、その他と記載したメモを渡し、資料の収集を依頼した。

5　Y税理士は、Xらと合計12回の打ち合わせをしたが、その中で、複数の預金通帳の提示を受けたが、全ての預金通帳ではなかった。なお、提示を受けなかった預金通帳に、生命保険会社からの保険金の入金記録があった。

6　被相続人Aは、依頼者の1人の配偶者に対する貸付金を有していたが、相続税申告書では、貸付金から相続財産から漏れていた。

7　XらがY税理士に提示した預金通帳には、平成22年4月20日に「チユウシヨウキコウ　シヨウ」から56万円の振込入金があったとの記載があるが、相続税申告書では、小規模企業共済からの支払金は相続財産から漏れていた。

8　相続税申告書から、高額医療費返還金が相続財産から漏れていたが、その入金があった預金通帳は、Y税理士に交付されていなかった。

9　Xらは、被相続人Aの生前にメインバンクのすすめにより作成した財産台帳をY税理士に提示した旨主張し、その財産台帳を精査すれば、相続財産を脱漏することはなかった旨主張し、Y税理士は、財産台帳を受領していないと主張した。

10　Xらは、Y税理士が、納税地の選択地を誤るとともに、相続財産を脱漏したことによって損害を被ったとして、損害賠償訴訟を提起した。

> **裁判所の判断**
> 1　（納税地選択の誤り）
> 　　Y税理士は、Xらと12回にわたり打ち合わせをし、その中で住居地

に関する判断もされている。
2 証拠によると、被相続人の死亡時の住居地が東京都の居宅にあるとする証拠はない。
3 Y税理士は、本件相続に係る相続税の税務調査がされた後、小規模宅地等の特例の適用がされることを審査するため税務署に回付手続をすることができる旨伝えられたこと、B税理士は、税務署に回付して土地に対する小規模宅地等の特例の適用を再審査する選択肢があることを認識しつつ、Xらと相談をし、再審査期間にわたる延滞税の増額やXらから早期の修正申告を求められていたこと等を考慮し、千葉県の居宅を住所地とし、土地に対する小規模宅地等の特例の適用がない計算をした修正申告書を税務署に提出したこと、税務署は、同修正申告書に基づいて土地に対する小規模宅地等の特例の適用がない計算をした相続税本税額の通知をXらに対してしたことが認められ、これらの事実によれば、本件において土地に対する相続税本税の額が決定したのは、上記のXらの意思に基づく修正申告によってなされたことによるものであるといえ、同修正申告にY税理士が関与した事実を認めるに足りる証拠がないことを考慮すると、Xらの本件相続に係る相続税本税の増額がY税理士の本件申告における納税地の選択により惹起されたものということもできない。
4 以上からすれば、Y税理士が被相続人Aの住所地（納税地）を千葉県の居宅のあるところで相続税の申告をしたことが善管注意義務に違反するということはできない。
5 （相続財産の調査義務違反）
　XらがY税理士に提示したと主張する財産台帳がY税理士に提示されたとする証拠はない。
6 Y税理士は、Xらに対して預金通帳や本件相続に係る生命保険の保険金の支払通知書や保険契約の内容を示す預金通帳の開示を求め、提出された預金通帳や保険金支払通知書等の記載を比較対照してその相続財産該当性や保険金の具体的金額等を把握・検証してい

たものと認められ、Y税理士は、Xらが任意で提出した範囲における預金通帳等に対する調査を行っていたものと認められる。

7 　Xらは、生命保険等の保険金を受領する際、それぞれ保険請求手続を行っていたこと、Y税理士は、保険金及び保険契約に関する権利については、その相続財産性を判断するためには、単に通帳等における入金等の記録では判明せず、その他支払通知書、保険証券又は権利内容が記載された通知書が必要となると考え、Xらに対し、保険金支払通知書や保険契約の内容を示す通知書の開示を求めていたこと、Y税理士は、依頼者の1人に対し、当初は保険金として申告対象となっていなかったものについて、保険金に係る追加資料等の提出を求め、同資料に基づいて相続財産に含まれるものとそうではないものとを区別して申告していたこと、Y税理士はXらに対して保険金及び保険契約に関する権利の確認を求めるために財産目録を作成し、その確認を求めていたことが各認められる。

8 　これらの事実によれば、Y税理士が、漫然とXらから提出された資料のみに依拠して申告をしていたものと認めることはできず、また、保険金や保険契約に関する権利を確認するため、Y税理士において、預金通帳のほか、Xらの預金通帳について、任意に提出されていない預金通帳を調査し、提出されていない預金通帳について、改めて提出を指示する義務までもあったということはできない。

9 　Xらは、被相続人Aの依頼者の配偶者に対する貸付金に係る消費貸借契約書のコピーをY税理士に交付した旨主張するが、その証拠はない。

10 　Xらは、本件申告に当たり遺産分割協議書を作成したが、同遺産分割協議書においては、貸付金の記載が相続財産として記載されていなかったことが認められる。

11 　Y税理士の貸付金についての調査義務違反があったと認めることもできない。

12 　Y税理士は、小規模企業共済の支払金56万円の存在を認識した

上で、小規模企業共済金の一時支払金が退職手当金等に該当する旨の記載がある資料を考慮して、同支払金が死亡退職金として退職手当金等（相続税法3条1項2号）に該当し、非課税限度以下の退職手当金等については非課税であると判断し、本件申告において相続財産の対象から同支払金を除外したことが認められ、そうすると、依頼者に対する小規模企業共済の支払金について、その調査義務に違反しこれを看過していたと認めることはできない。

13　依頼者の1人の名義の銀行の預金通帳には、平成22年1月28日付けで146万円の振込入金があったことが記帳されていることが認められるが、同日の振込入金に係る記帳がされた預金通帳をY税理士に交付していた事実まで認めることはできず、他に同交付していた事実を認めるに足りる証拠もない。

　平成22年1月28日以降も多数回の打合せを行っていたことが認められるところ、これらの打合せにおいて、上記高額医療費返還金の支払があったことをXらからY税理士に対して報告、申告した事実を認めるに足りる証拠もない。

14　そうすると、Y税理士が、上記通帳の記載を確認していたとしても、同記載のみ高額医療費返還金の支払があったとの事実を把握できるかについては疑義があるといわざるを得ず、そうすると上記記帳の事実のみからYに調査義務違反があったと認めることはできない。

解　説

　本件の裁判では、税理士がどの程度の調査をすれば、調査義務を果たしたか、が争われている。また、資料が依頼者から税理士に提示されたかどうかも注意義務違反の有無の判断のポイントとなっている。

　本件で、税理士は、相続税申告に必要な資料の提示を求めたにもかかわらず、依頼者から提示がされず、提示されなかった資料に相続財産に関する記載があった、というものである。

第3章 税理士に対する損害賠償請求の裁判例

依頼者から資料が提示されず、また、申告もない場合には、税理士は、相続財産を知りようがないが、どこまで積極的に資料収集と質問をするべきか、という問題がある。本件では、生命保険会社からの入金については、税理士が預金通帳や追加資料等の提出を複数回求めていることから、必要な調査を尽くしたと認定された。

また、小規模企業共済の支払金については、その存在を認識し、一定の税務判断をしていたことが立証されたことから、注意義務違反はない、とされた。

対策

本件では、資料が依頼者から税理士に提示されたかどうかも注意義務違反の有無の判断のポイントとなっている。そこで、依頼者から資料を受領した際は、受領した資料を記録し、証拠として残しておけば、反対解釈として、受領していない資料に関して立証することが可能となるだろう。

また、小規模企業共済の支払金については、その存在を認識し、一定の税務判断をしていたことが立証されたことから、注意義務違反はない、とされたが、判断過程についても可能な限度で証拠化しておくことが望ましい。税理士法第33条の2の書面添付制度は、その意味で、検討資料および判断過程を証拠化する有用な手段であると言える。

◆税理士が依頼者から資料を受領したかどうか、が問われることがあるので、受領した資料を記録して、証拠に残しておくことも、後日の紛争回避のために有効である。また、税理士法第33条の2の書面添付制度は、受領した資料および判断過程の立証に有効な手段である。

●税理士に慰謝料の支払いが命じられた裁判例（適用喪失）

東京地裁平成16年3月31日判決（TAINS　Z999-0097）

⑴　請求額

　1億6623万9700円

⑵　判　決

　110万円を支払え。

⑶　事案の概要

1　Xは、税理士であるYに対し、亡父丙の死亡による相続（以下「本件相続」という。）に基づく相続税の申告業務を委任し、その際、相続税の納税猶予措置の申請も含めて依頼した。

2　Yは、Xが同措置を受けるために、法70条の6第27項及び平成14年財務省令第27号による改正前の租税特別措置法施行規則23条の8第1項、3項2号ないし4号により、相続税の申告書（以下「本件申告書」という。）に添付することが必要とされている「相続税の納税猶予に関する適格者証明書」（以下「本件証明書」という。）及び担保提供書の添付を怠り、これが委任契約の債務不履行又は不法行為に当たるとして、Xが納税を免除されるはずであった相続税額から既にXが物納により納付した金額を控除した残額である1億4623万9700円、慰謝料1000万円及び弁護士費用1000万円の損害賠償を求めた事案である。

> **裁判所の判断**
>
> 1　Xが本件土地に係る相続税について、納税猶予措置を受けたとしても、その相続税の納付を免れることはできたとは認め難いから、上記相続税相当額がXの損害であるとのXの主張は採用することができない。
>
> 2　Xは、税務申告手続に通暁したYの専門家としての知識、経験に

信頼を寄せ、本件納税猶予措置の申請についても、このような専門家であるYに委ねておけば的確に行われるものと期待していたことが容易に推認されるところである。
3　しかるに、Yは、税務事務の専門家として、このような期待を裏切り、その注意義務を懈怠して本件証明書等の添付をしないという初歩的な誤りを犯し、その結果、Xは、享受し得る高度の蓋然性があったと認められる本件納税猶予措置を受けることができなくなり、ひいては、納税免除を受ける可能性のある地位を確定的に喪失させられてしまったのであって、これにより相当な精神的苦痛を受けたと認められ、こうしたYの違法な行為によってXの被った精神的苦痛に対しては、慰謝料の支払義務を免れないというべきところ、その慰謝料の額については、諸般の事情を総合的に考慮して、100万円をもって相当と判断する。
4　Xが本件訴訟を追行するに当たって支払うべき弁護士費用のうち、Yが本件申告書に本件証明書等を添付するのを怠ったことと相当因果関係のある損害は、10万円をもって相当であると判断する。

―――――― 解　説 ――――――

　本件は、証明書等の添付漏れという単純ミスである。慰謝料は、精神的損害であり、財産的損害と異なり、客観的資料をもとに損害額を証明することができない。そのため、諸般の事情を総合考慮の上、裁判所が裁量により定めることとされている。今回は、納税猶予を受ける機会を喪失したことについて精神的損害が発生したとして、100万円の慰謝料を認めた。
　また、本件では、弁護士費用として10万円が認められている。日本においては、弁護士費用は各自負担が原則であるが、不法行為に基づく損害賠償の場合には、損害額の10％相当額について弁護士費用を損害と認める傾向にある。本件も、それにならい、慰謝料100万

●税理士に慰謝料の支払いが命じられた裁判例（適用喪失）

円の10％である10万円を弁護士費用相当額として損害と認めたものである。

◆税理士のミスがあったとしても、依頼者に財産的損害が発生しないことや、損害との因果関係が認められないことがある。しかし、その場合でも、ミスをされたことによる精神的損害として慰謝料を請求されることがあるので注意したい。

第3章 税理士に対する損害賠償請求の裁判例

● 税理士に慰謝料の支払いが命じられた裁判例(守秘義務違反)

大阪高裁平成26年8月28日判決（判例タイムズ1409号241頁）

⑴　請求額

　　400万円

⑵　判　決

　　35万円を支払え。

⑶　事案の概要

1　Xは、平成14年頃から「甲野工務店」の屋号で大工業を営むようになり、平成15年から、Yに確定申告手続を依頼していた。

2　A社は、平成18年9月8日に設立された株式会社である。

3　Xは、平成19年9月、A社に入社した。

4　Xは、Yに対し、平成15年分から平成20年分まで、確定申告手続を依頼した。平成21年分については、甲野がXに代わって、Yに対し、確定申告手続を依頼した。なお、平成21年分の申告によれば、7万6779円の税金が還付されることとなり、Xは現に還付を受けた。

5　平成22年分以降については、Xは、Yに対し、一切確定申告手続を依頼していないが、Yは、Xのこれまでの申告手続の際の申告書の控えや総勘定元帳の写しをそのまま電子データ化して保存・所持している。

6　Yは、平成20年9月から平成23年9月までの間、顧問税理士として、A社の会計及び申告業務に関与していた。

7　Xは、同年2月20日、A社を退社した。

8　A社は、平成23年頃、丁川弁護士を訴訟代理人として、同社の前代表取締役であった甲野を被告として訴訟を提起した。甲野は、A社の上記主張を全面的に争った。

●税理士に慰謝料の支払いが命じられた裁判例（守秘義務違反）

9　京都地方裁判所は、別件訴訟につき、平成24年11月29日、A社の請求をいずれも棄却するとの判決を言い渡した。
　　これに対して、A社が大阪高等裁判所に控訴した。
10　別件訴訟におけるA社の訴訟代理人である丁川弁護士は、別件訴訟控訴審係属中である平成24年12月27日付けで、京都弁護士会に対し、訴外税理士法人（代表社員：Y）を照会先として、「申出の理由」（本件照会申出理由）を付して、次の照会事項について回答を求めるため、弁護士法23条の2に基づく照会の申出をしたところ、同弁護士会は、これを受けて、同月28日、訴外税理士法人に対し、本件照会申出理由の付された本件照会申出書の写し自体を副本として添付して、その旨照会した（本件照会）。

「Xに関し、下記の点についてご回答ください。
記
1　訴外税理士法人（同法人の所属税理士）において、Xの確定申告を行った、あるいは、関与されたことはありますか。
2　上記1において、あるという場合、その期間は、いつからいつまでですか（平成○年から平成○年まで等）。
3　上記1において、あるという場合、確定申告を行った、あるいは関与されたXの確定申告書及び総勘定元帳の写しを回答書に添付願います（大量にある場合は直近10年分で結構です）。」

　なお、京都弁護士会からの本件照会の依頼書には、以下のとおりの記載（以下「本件照会注意書」という。）がされていた。
　「弁護士会は、裁判所や捜査機関と同様の権限が付与された公的機関であり、かつ、所属弁護士とは独立した機関であります。弁護士会は、所属弁護士の照会申出に対し、法律に基づき、申出が適当か否かを審査しています。特に、照会を求める事項が個人

の情報に関わるときは、①当該秘密の性質、法的保護の必要性の程度、②当該個人と係争当事者との関係、③報告を求める事項の争点としての重要性の程度、④他の方法によって容易に同様な情報が得られるか否か等を総合考慮して、照会申出の必要性及び相当性を判断した上で照会をしておりますので、ご理解のほどよろしくお願いいたします。」

「また、弁護士法第23条の2に基づく照会は、個人情報保護法令の保護除外事由にあたりますので、回答に際して、照会の対象である本人の同意を得ていただく必要はありません。」

11　本件照会を受けた訴外税理士法人（代表社員：Y）は、Xの同意を得ることなく、平成25年1月8日付けで、京都弁護士会に対し、①照会事項1につき、Xの確定申告を行っていたこと、②同2につき、その期間は平成15年から平成21年までであることを回答した上で、③同3につき、上記②の期間の確定申告書及び総勘定元帳の各写し（平成21年分の総勘定元帳の写しを除く。）（本件確定申告書等）をCDRの形式で提供した（本件照会回答）。

　なお、本件開示行為として、訴外税理士法人から提供されたXの平成21年分確定申告書（控え）に添付された青色申告決算書には、「本年中における特殊事情」の欄に、「平成21年に関しては、体調不良（腰痛）のため就労することが出来なかった」との記載（本件特殊事情記載）がある。

12　Y本人は、本件照会に回答をするに至った経緯につき、以下のとおり供述している。

「本件照会申出理由を読んで、本件照会申出理由には、『平成22年3月以降、Xが就労困難な状態にあり、A社における就労実態がなかったこと』を立証するためとあり、本件確定申告書等の内容はそれとは直接関係がないとは思ったが、間接的には関連があるので

あろうと考えた。ただ、いずれにしても、23条照会には回答義務があるので、本件照会申出理由が添付されていなくても、照会どおり回答しなければならないと考えていた。また、本件照会に回答すると、Xや甲野に不利益が及ぶかもしれないと考えたが、照会書に、本人の同意を得る必要はないと記載してあったため、回答に際し、Xに意見を求める必要もないと考えた。」

13　丁川弁護士は、別件訴訟の控訴審において、本件照会回答で得られたXの平成20年分及び21年分の各確定申告書（控え）を書証として提出した。

14　大阪高等裁判所は、平成25年6月28日、別件訴訟につき、原判決を変更して、甲野に対し、A社に1227万6505円（控訴審で請求を拡張）の支払を命じる判決を言い渡した。上記判決は、判決理由中で、本件確定申告書等のうち、本件特殊事情記載をA社に有利な証拠として評価している。

> **裁判所の判断**
>
> 1　23条照会を受けた公務所又は公私の団体は、同照会に応じずに報告をしなかった場合についての制裁を定めた規定はないものの、当該照会により報告を求められた事項について、照会をした弁護士会に対して、法律上、原則として報告する公的な義務を負うものと解するのが相当である。
>
> 2　23条照会を受けた者は、どのような場合でも報告義務を負うと解するのは相当ではなく、正当な理由がある場合には、報告を拒絶できると解すべきである。そして、正当な理由がある場合とは、照会に対する報告を拒絶することによって保護すべき権利利益が存在し、報告が得られないことによる不利益と照会に応じて報告することによる不利益とを比較衡量して、後者の不利益が勝ると認められる場合をいうものと解するのが相当である。
>
> 3　税理士は、税務に関する専門家として、独立した公正な立場にお

いて、納税義務者の信頼に応えて納税義務の適正な実現を図るべく援助をするのであるから、税理士業務の遂行に当たって、納税義務者の資産、負債の状況、資金繰り、取引の内容等々の細部にまで立ち入ることとなり、他人に知られたくない秘密に接する機会が極めて多い。また、納税義務者としても、税理士を信頼し、そうした秘密に関わる事柄の詳細について真実を明らかにしてこそ、適正な納税義務の実現が図られることになり、納税義務者の秘密に関する事項を税理士がみだりに外部に漏らすことがあるとすれば、納税義務者は安心して税理士に委嘱することができず、両者の相互の信頼関係は成り立たないことになる。

4　税理士法38条に基づく守秘義務は、以上のような事情を考慮して規定されたものであって、税理士業務の根幹に関わる極めて重要な義務である。

5　税理士の守秘義務の例外としての「正当な理由」（税理士法38条）とは、本人の許諾又は法令に基づく義務があることをいうと解されるところ、一般には23条照会に対する報告義務も「法令に基づく義務」に当たると解される。

6　もっとも、23条照会に対する報告義務は絶対的なものではなく、被照会者は正当な理由があるときは報告を拒絶することができる……。そして、税理士の保持する納税義務者の情報にプライバシーに関する事項が含まれている場合、当該事項をみだりに第三者に開示されないという納税義務者の利益も保護すべき重要な利益に当たると解される。したがって、税理士は、23条照会によって納税義務者のプライバシーに関する事項について報告を求められた場合、正当な理由があるときは、報告を拒絶すべきであり、それにもかかわらず照会に応じて報告したときは、税理士法38条の守秘義務に違反するものというべきである。

7　そして、税理士が故意又は過失により、守秘義務に違反して納税義務者に関する情報を第三者（照会した弁護士会及び照会申出をし

た弁護士）に開示した場合には、当該納税義務者に対して不法行為責任を負うものと解される。

8 本件照会申出の理由は、A社が、訴訟において、Xが平成22年3月以降、体調を崩して就労困難な実態にあり、A社における就労実態がなかったことを立証するためのものということである。一方、照会事項は、照会事項1～3であるが、照会事項1及び2は、同3の前提としてXの確定申告への関与の有無及び期間を尋ねるものであり、照会事項の中心は、同3の確定申告書及び総勘定元帳の写しの送付を求めることにあるものと認められる。しかし、Xの健康状態を立証するためであれば、医療機関等への照会によるのが直截であり、収入の変動を通じて健康状態の悪化を立証するということ自体が迂遠というべきである。この点を措くとしても、平成22年3月以降のXの体調不良を立証しようとするのであれば、Xの平成22年の確定申告書等とそれ以前の確定申告書等を比較するのでなければ意味がないはずである。ところが、YがXの確定申告を行っていたのは平成15年から平成21年までであり（Yも上記照会事項2に対してそのように回答している。）、平成22年の確定申告は担当していない。そうであるとすれば、Yの所持する確定申告書等だけではXが平成22年に体調不良により収入が減少したかどうかを認定することはおよそ期待できないというべきであるから、照会事項1、2の回答いかんにかかわらず最長10年間にわたる確定申告書等の送付を求める照会事項3は、23条照会としての必要性、相当性を欠く不適切なものといわざるを得ない。23条照会の公共的性格という観点からみても、本件照会が訴訟における真実の発見及び判断の適正を図るために必要かつ有益であるとは言い難い。

9 他方、本件開示行為によって開示されたのは、Xの平成15年から21年までの7年間にわたる確定申告書及び総勘定元帳の写しである。確定申告書及び総勘定元帳の内容は、X本人の収入額の詳細のほか、営業活動の秘密にわたる事項や家族関係に関する事項等、プ

ライバシーに関する事項を多く含むものであり、これらの事項がみだりに開示されないことに対するXの期待は保護すべき法益であり、これらの事項が開示されることによるXの不利益は看過しがたいものというべきである。
10 以上の検討の結果によれば、本件確定申告書等については、これが開示されることによるXの不利益が本件照会に応じないことによる不利益を上回ることが明らかである。したがって、Yが本件照会に応じて本件確定申告書等を送付したこと（本件開示行為）は、守秘義務に違反する違法な行為というべきである。

―――― 解　説 ――――

　弁護士法23条の2第1項は、「弁護士は、受任している事件について、所属弁護士会に対し、公務所又は公私の団体に照会して必要な事項の報告を求めることを申し出ることができる。」旨規定し、同条第2項は、「弁護士会は、前項の規定による申出に基づき、公務所又は公私の団体に照会して必要な事項の報告を求めることができる。」旨規定している。そして、この照会に関しては、回答義務があるとされている。

　本件は、弁護士照会に対する回答義務と税理士の守秘義務の関係が争われたものである。裁判所は、「税理士は、23条照会によって納税義務者のプライバシーに関する事項について報告を求められた場合、正当な理由があるときは、報告を拒絶すべき」として、このような場合に報告した時は、守秘義務違反として違法となるとしている。その結果、秘密を漏らされた依頼者には精神的損害が発生し、慰謝料の支払を認めたものである。また、弁護士費用相当額として、5万円の支払も命じた。

●税理士に慰謝料の支払いが命じられた裁判例（守秘義務違反）

対策

　税理士の守秘義務は、正当な理由のある場合には解除される（税理士法第38条）。しかし、その正当な理由の存否については、慎重に判断すべきである。今回は、回答義務があるとされる弁護士法第23条の2による照会に関し、「正当な理由」に当たらない、と判断された。他にも裁判所からの文書送付嘱託、調査嘱託、警察署からの照会など、税理士の守秘義務が問題となる事例が想定される。

　このような照会を受けた場合は、安易に判断することなく、弁護士などとも相談の上、「正当な理由」の存否について慎重に検討することが望まれる。

◆本件のように、税理士の守秘義務と弁護士法第23条の2の照会に対する回答義務が衝突するような場合には、適正な判断が難しい。このような法的判断が要求されるときは、安易に判断するのではなく、弁護士と相談することが望ましい。

●説明助言義務違反が問われた裁判例(その1)

東京地裁平成24年1月30日判決(判例時報2151号36頁)

(1) 請求額
　合計1億1905万4100円

(2) 判　決
　合計1億605万5449円を支払え。

(3) 事案の概要
1　Xらは、平成○年2月下旬ころ、Y税理士との間で本件委任契約を締結して、亡太郎の死亡に伴う相続に関する一切の税務申告を委任した。

2　依頼者の1人であるAは、平成19年5月から同年7月にかけて、Y税理士に対し、その指示に係る預貯金の通帳、株券等の資料を提供した。

3　Y税理士は、平成19年10月6日ころに亡太郎の遺産についての遺産分割協議書案を完成させ、これをAに交付するとともに、同月中旬ころには、本件申告書を完成させて、同月22日ころ、その内容をAに説明するとともに、各相続人に署名捺印してもらうよう依頼した。さらに、Y税理士は、同月31日、本郷税務署長に本件申告書を提出した。

4　Y税理士は、かつて亡太郎の所得税の確定申告をした際に、亡太郎の海外における医療費に関する資料を受け取った経験があったことから、亡太郎は海外資産を保有している可能性が高いと認識していた。

5　Aは、亡太郎が海外に別荘を保有しており、預金も有していることを認識していたが、別荘の所有形態や預金の具体的な内容を把握しておらず、これらの点に関する資料も手元になかった。

6　Y税理士は、亡太郎の海外資産は全く存在しないものとして、本

件申告書を作成し、Xらの相続税の申告を行った。

裁判所の判断

1 　税理士は、税務に関する専門家として、納税義務者の信頼にこたえ、租税に関する法令に規定された納税義務の適正な実現を図ることを使命としているから（税理士法1条参照）、税務申告の委任を受けたときは、委任契約に基づく善管注意義務として、委任の趣旨に従い、税務申告が適正に行われるよう、専門家として高度の注意をもって委任事務を処理する義務を負うものと解される。

2 　したがって、税務申告の委任を受けた税理士は、申告書を作成するに際して、基本的に委任者から提供された資料や委任者からの指示説明に依拠することはもとより、当然のことであるが、委任者から提供された資料が不充分であったり、委任者の指示説明が不適切であるために、これに依拠して申告書を作成すると適正な税務申告がされないおそれがあるときは、委任者に対して追加の資料提供や調査を指示し、不充分な点や不適切な点を是正した上で税務申告を行う義務を負うものというべきである。

3 　Y税理士は、亡太郎が海外資産を有する可能性が高いことを認識していたのであるから、Xらの相続税の申告に際して海外資産が相続財産から漏れることがないように、Xらに対して、海外資産に関する資料の提出を求めるとともに、そのような資料が手元に存在しないのであれば、海外資産の存否及びその内容を調査するよう指示すべきであった。しかるに、Y税理士は、これらの措置を何ら執ることなく（かえって、東京国税局の税務調査が始まってからも、Aに対して、海外資産の調査の必要はないなどと誤った指示をしている。）、漫然と、Aから交付を受けた亡太郎の国内資産に関する資料のみに依拠して本件申告書を作成し、Xらの相続税を申告しているのであり、このようなY税理士の行為は、税務の専門家として適正に相続税の申告をすべき注意義務に違反したものであるといわざるを得ない。

4　Y税理士の陳述書中には、Yが亡太郎の相続税の申告手続を依頼された際に、Aに対し、国内・海外を問わず、すべての財産が相続税の申告の対象となることを説明した上で、すべての相続財産に関する資料を提出するよう指示した旨の記載部分があるが、そのような指示は全くなかったとするAの供述に照らして、Yの陳述書の上記記載部分は採用することができない。

※本件では、他に株主構成に関する争点もあるが、割愛した。

――― 解　説 ―――

　本件は、相続税申告の際、海外財産も相続財産に含まれるにもかかわらず、これを漏らして相続税確定申告書を作成してしまった事例である。税理士は、「国内・海外を問わず、すべての財産が相続税の申告の対象となることを説明した上で、すべての相続財産に関する資料を提出するよう指示した」と主張し、そのような陳述書を提出したが、依頼者らがこれを否定したため、裁判所は、説明助言の存在を否定した。

――― 対　策 ―――

　税理士が実際に説明助言をしていたとしても、裁判において、説明助言をしたことを立証できない場合には、説明助言がなかったものと認定され、税理士の注意義務違反とされることがありうる。

　税理士としては、そのようなことを念頭におき、説明助言義務を負う事項については、書面化し、依頼者から受領印をもらっておくことを検討すべきである。今回のような海外財産の他にも、負債や名義預金その他、相続税申告の際に必ず説明助言すべき事項は予めわかっているのであるから、定型的な説明書面を作成し、受任時にその説明書面を示しながら説明助言し、あわせてその説明書面を交付し、受領印をもらっておくことを検討されたい。そうすれば、本件のような「言った、言わない」という紛争を回避できると

ともに、説明助言すべき事項を漏らすこともなくなるだろう。

説明書面に記載すべき項目として、次のようなものが考えられる。

- 財産の範囲（負債）
- 名義財産
- 国外財産
- 生前に贈与を受けた財産
- 生命保険の有無
- 相続放棄の有無
- 相次相続控除について
- 相続時精算課税制度について
- 準確定申告について
- 申告期限について
- 未分割申告の税額軽減など特例の説明
- 「3年内分割見込書」、延長のための「承認申請書」や遺産分割協議成立後の更正の請求について
- 現金納付・延納・物納
- 障害者控除について
- 脱漏の場合の加算税等の不利益
- 連帯納付義務
- 相続人の消費税の納税義務発生の可能性

◆税理士の説明助言義務が問われる事例では、①税理士に説明助言義務があるか、②説明助言したか、が問題となる。②については、単に説明助言したという事実だけでなく、説明助言したという事実を立証しなければならない。したがって、説明助言すべき事項については、日常業務の中で、可能な限り証拠化しておくことが望ましい。

●説明助言義務違反が問われた裁判例（その2）

前橋地裁平成14年12月6日判決（TAINS　Z999-0062）

(1) 請求額

合計2381万3700円

(2) 判　決

238万1370円を支払え。

(3) 事案の概要

1　Xらは、Aの所得が増加してきたため、Yを通じて所得税等の確定申告手続を行うことによって税金の納付額をできるだけ少なくしようと考え、平成7年3月9日、Yに対し、平成6年度分の所得税等の確定申告手続を代理して行うよう委任した。

2　これを受けて、Yは、Y事務所の職員であるCを履行補助者として上記業務に当たらせることにした。

3　Cは、Aに対し、確定申告書を作成するために必要な書類として、現金出納帳、預金通帳、請求書、領収書などの原始記録を提示するよう求めたが、Aは、これを拒んだ上、Cに対し、Aの作成した平成5年度の申告書の控え、生命保険料や損害保険料の控除証明書のみを提示して、同6年度についても同5年度と同様に申告するよう要請した。Cは、Aから提示された上記書類のみではXらの事業の経費が不明なため確定申告書の経費欄を記載することができないことから、Aに対し、経費を推計で算出して経費の合計額のみを記載し経費欄の具体的項目の金額を記載しない方法による申告をするよう提案したが、Aは、これも拒み、平成5年度の申告についても経費欄の具体的項目の金額を記載して申告したので、平成6年度も同様のやり方で申告するように要請した。そこで、Cは、それ以上原始資料の提示を求めることなどを断念した。なお、Cは、上記打合

せの際、Aの指示どおりの申告をした場合に、Xらが将来脱税を指摘されて重加算税や延滞税などを課せられる危険があることを説明しなかった。

4 Cは、同月14日、Xから提示された平成5年度の申告書の控えに記載された数額と、同年度と比較したXの説明に係る項目ごとの増減率の数字を参考にして、確定申告書の各項目の金額を記載し、確定申告書を前橋税務署長に提出した。Cは、平成7年度ないし同9年度の所得税等確定申告書も同様に作成提出した。

5 国税庁は、Xらの上記各申告に係る所得税及び消費税に脱税があるとして、Xらに対し、強制調査を実施した。その結果、Xらは、それぞれ、重加算税等の賦課決定を受けた。

6 そこで、Xらは、Yから重加算税等の説明を受けていなかったとして、説明助言違反を理由と損害賠償を請求した。

裁判所の判断

1 税理士は、税務に関する専門家として、独立した公正な立場において、申告納税制度の理念にそって、納税義務者の信頼にこたえ、租税に関する法令に規定された納税義務の適正な実現を図ることを使命としており（税理士法1条）、脱税相談等を行うことを禁止され（同法36条）、税理士業務を行うに当たって、委嘱者が税の課税標準等の計算の基礎となるべき事実を隠ぺい、仮装している事実があることを知ったときなどは、直ちに、その是正をするよう助言しなければならない公法上の義務を負っている（同法41条の3）。

2 また、税理士は、上記のように税理士法所定の使命を担うほか、依頼者との間には委任関係があるから、受任者として委任の本旨に従った善良な管理者としての注意義務を負っており（民法644条）、依頼者の希望や要請が適正でないときには、依頼者の希望にそのまま従うのではなく、税務に関する専門家としての立場から、依頼者に対し不適正の理由を説明し、法令に適合した申告となるよう適

切な助言や指導をするとともに、重加算税などの賦課決定を招く危険性があることを十分に理解させ、依頼者が法令の不知などによって損害を被ることのないように配慮する義務があるというべきである。

3　本件では、Cが、依頼者Aに対し、確定申告書を作成するのに必要となる原始資料の提示を求めたところ、依頼者Aは、これを拒否した上、Cに対し、確定申告書に添付する収支内訳書のうち「売上（収入）金額の月別内訳等」欄や「仕入金額の内訳」欄をほとんど空欄にしている前年度の確定申告書と同様のものを作成して提出するよう指示したというのであるから、Cにおいて、依頼者らが売上げや経費を実際の金額と大幅に異なる金額として申告し不正に課税を免れようとしている可能性があることを容易に認識することができたものと認められる。それにもかかわらず、Cは、依頼者Aの指示どおりの申告をした場合に、依頼者らが将来脱税を指摘されて重加算税や延滞税などを課せられる危険があることを何ら説明しないまま、依頼者Aの指示どおりに所得税等確定申告手続を行ったというのであるから、Cが、依頼者Aに対し、同人の指示どおりの申告をした場合に、依頼者らが重加算税や延滞税などを課せられる危険性が高いことを十分に説明し、指導していれば、依頼者らが本件のような不適法な申告を行うことはなかったと認められる。

4　以上によれば、Yの履行補助者であるCが、依頼者Aの指示どおりの申告をした場合に、依頼者らが将来脱税を指摘されて重加算税や延滞税などを課せられる危険があることを何ら説明しないまま、依頼者Aの指示どおりに所得税等確定申告手続を行ったことは、税務に関する専門家である税理士としての立場から、依頼者に対し不適正の理由を説明し、法令に適合した申告となるよう適切な助言や指導をするとともに、重加算税などの賦課決定を招く危険性があることを十分に理解させ、依頼者が法令の不知などによって損害を被ることのないように配慮する義務に違反しており、Yの債務不履行

になるといわざるを得ない。
5　依頼者らの責任の大きさにかんがみると、損害の負担について公平を図る見地から、本件については過失相殺を行うのが相当であり、依頼者ら各自の損害について、それぞれ9割を減じるべきである。

―― 解　説 ――

　本件は、税理士事務所職員が、依頼者に対し、現金出納帳、預金通帳、請求書、領収書等の原始記録を提示するよう求めたにもかかわらず、依頼者らがこれら資料を一切提示せず、過年度の申告書の控えと保険料の控除証明書のみを提示して同様に申告するよう要請したので、職員は原始資料の提示を求めることを断念して、そのまま所得税の申告を行ったところ、後日、依頼者に重加算税や延滞税などを課される危険があることを説明しなかった点に、説明助言義務違反を認めたものである。

　依頼者が税理士の要求する資料を提示せず、正確な所得の計算ができない事例において、やむを得ずいったん依頼者の主張する数字にて申告をせざるを得ない事態が生ずることがある。このような場合でも、将来的に依頼者に加算税や延滞税等の不利益が生ずることが予想されるときは、その不利益について依頼者に対して説明助言しておく義務があることを認めたものである。

対　策

　本件のような場合、税理士としては、①辞任する、②いったん依頼者主張の数字にて申告する、という方法がある。
　税理士と依頼者との契約は委任契約であるから、いつでも解約できるのが原則であるが、依頼者に不利な時期に辞任した時には、損害賠償義務を負う場合がある（民法第651条2項）。ただし、やむを得ない事情があるときは、損害賠償義務は負わない。依頼者

が全く資料を提示せず、申告書を作成できないような場合は、やむを得ない事情に該当する場合が多いであろう。また、このような事態に備えて、委任契約書の中に、いつでも解約できる旨の中途解約条項を入れておいた方がよい。

　また、②の方法をとる場合には、将来依頼者に生ずる可能性のある不利益を依頼者に説明するとともに、説明書面に受領印をもらっておくとよい。さらに、申告書提出後、資料に基づいて修正申告等を検討することを求める助言指導をし、その旨書面にしておくとよいだろう。

◆依頼者から不適切な依頼があり、税理士が是正を求めても依頼者がこれを拒絶するときは、委任契約の解約を検討する。また、依頼者への説明助言は、税理士業務の遂行に必要な事項のみに限らず、依頼者に生ずることが予想される不利益も含まれることに注意が必要である。

●説明助言義務違反が問われた裁判例（その3）

千葉地裁平成9年12月24日判決（TAINS　Z999-0019）、控訴審東京高裁平成10年11月9日判決（TAINS　Z999-0037）

(1) 請求額
    合計647万8000円
(2) 判　決
    合計358万0920円を支払え。
(3) 事案の概要
1　Xらは、平成4年7月に死亡した亡つきの相続税申告書の作成をYに委任した。
2　依頼者の1人であるAは、本件土地の時価（取引価格。以下同じ）が路線価の7割程度となっている件をYに相談したところ、Yは、従来課税実務において評価額の基礎にされてきた路線価が公示地価の7割程度とされており右公示地価は時価に近いものと認識していたことから、時価が路線価を下回る場合にも、評価額を時価の7割程度とすることは相当な根拠があるものと考え、Aの右相談に対し、不動産の時価が路線価を下回っている場合には、時価の7割の価額で評価すべきであると話した。
3　平成4年9月下旬ころ、Yは、本件土地の評価額を時価の7割程度で申告するためには、本件土地の時価を申告者が立証しなければならないと考えていたので、本件土地の時価を裏付けるために、本件土地に近隣する土地の取引事例を集めるようにAに指示した。
4　Aは、Yから本件土地の近隣土地の価格を尋ねられたので、路線価の7割程度に下落していると答えたものの、近隣土地の取引事例が1件しか集らなかったので、本件土地の評価額を決定するについては鑑定評価した方が良いのではないかと言った。

5　Yは、Aが宅地建物取引主任者の資格を持ち、不動産を扱う株式会社において稼働していたこともあったことから、Aを不動産取引の精通者と認識していたので、申告における本件土地の評価額について、税務署との間で問題が生じることを具体的には説明せず、また、鑑定評価によるか取引事例によるかは、いずれにしても時価を裏付けるものであると認識していたので、どちらでも構わないと答えた。

6　その結果、不動産鑑定士による鑑定評価書を作成せず、相続税の確定申告書を作成し、提出した。

7　その後、税務調査により、本件土地の評価額が税務署により否認され、過少申告加算税等の納付を余儀なくされたことから、Yに対し、損害賠償請求した事案である。

裁判所の判断

1　税理士は、税務に関する専門家として、独立した公正な立場において、申告納税制度の理念にそって、納税義務者の信頼に応え、租税に関する法令に規定された納税義務の実現を図ることを使命とするとされているのであるから（税理士法1条参照）、右に述べた受任者としての税理士の善管注意義務は、税務に関する専門家を標準とする高度の注意義務であるといわなければならない。

2　したがって、税理士は、右事務の処理に当たっては、事務処理の方法、事務の範囲などについて依頼者の指示があればそれに従い、依頼者の指示がなければ自己の裁量によって依頼の趣旨に沿うように右事務を処理することはいうまでもないが、さらに依頼者の指示が適切でないことが分かった場合には、依頼者に不適切な点を指摘するなどして、依頼の趣旨に従って依頼者の信頼に応えるようにしなければならず、これに違反するときは債務の本旨に従った履行（民法415条）がなされなかったことになり、債務不履行責任を免れないというべきである。

3　税理士は、不動産鑑定士による鑑定評価などを行わないで本件土地を39万円と評価し、これに右申告評価額を支持する旨の税理士名義の上申書を添付して本件申告をしているが、本件申告における評価額（39万円）は、本件相続が開始した平成4年度の本件土地の正面路線価（59万円）を20万円ほど下回り、また翌平成5年度の正面路線価（41万円）をも下回るものであり、さらに、本件申告後に作成された不動産鑑定評価書によれば、本件相続が開始した時点での鑑定評価額を5万円前後下回るものであったこと、相続により取得した財産の価額は当該財産の取得時における時価によるものとされており（相続税法22条）、相続税財産評価に関する通達の1つである財産評価基本通達によれば、時価とは、相続により財産を取得した日において、それぞれの財産の現況に応じ、不特定多数の当事者間で自由な取引が行われる場合に通常成立すると認められる価額をいい、その価額は、財産評価基本通達の定めによって評価した価額によるとされ、市街地的形態を形成する地域にある宅地の評価は、原則として路線価方式によるものとされ、従来の課税実務もこれに沿ってなされてきたこと、証拠によれば、平成4年4月になされた国税庁からの事務連絡によって、時価が路線価を下回るおそれがある場合、路線価を下回る価格での申告については、当該土地周辺の地価動向の把握や、当該土地の売買価格の適正さの確認、精通者（不動産鑑定士等）への意見聴取をした上で、その申告額が「時価」として適切かどうかを判断するという課税実務の処理もなされていること、などの事情に加え、税理士としても、申告において評価額を39万円とすれば、税務署との間で評価額について問題が生じ、申告の否認の可能性もあると認識していたものの、依頼者を不動産取引に詳しい者であると考えていたので、否認される可能性について具体的に説明しなかったこと、依頼者から鑑定評価によることを相談されたが、これを積極的にすすめることはしなかったことなどの事情がうかがわれ、これらよりすれば、税理士は、税務の専門家として、

税務関係の法規及び実務について正確な知識と理解を持ち、これを前提として依頼された事務を適正に処理して行く義務を怠り、前記善管注意義務に違反したといえる。

――― 解　説 ―――

　財産評価基本通達11は、「宅地の評価は、原則として、次に掲げる区分に従い、それぞれ次に掲げる方式によって行う。」とし、市街地的形態を形成する地域にある宅地については、路線価方式によって評価する旨定められている。本件では、相続税申告手続において、時価が路線価を下回っていることから、財産評価基本通達の定めによる価額によらず、時価によって評価し、相続税申告書を作成、提出した。

　しかし、税理士としては、後日税務署に否認される可能性について認識していたものの、依頼者が不動産について精通する者であると考えていたことから、否認される可能性について説明せず、時価を証明するため不動産鑑定士による鑑定書の作成を助言しなかった。裁判所は、この点について説明助言義務違反を認めたものである。

― 対　策 ―

　本件は、初心に帰り、基本に忠実に業務を行うことで回避することができたと思われる。依頼者が不動産に精通する者であったとしても、税務の専門家として説明すべきことはきちんと説明し、通達と異なる処理をする場合には、どのような結果になるか、他の通達や事務連絡等を調査すれば、不動産鑑定士による鑑定書を証拠として揃えておくことに思い至ったはずである。

　業務に慣れてくると、思い込みによって処理してしまいがちであるが、改めて初心に帰って丁寧に処理をすることの重要性を教えてくれる判決である。

◆税理士に対する損害賠償では、依頼者の意向に従っていても、税理士の責任は免責されない。常に法令・通達を確認しつつ、基本に忠実に業務を遂行すべきである。

●説明助言義務違反が問われた裁判例（その4）

東京地裁平成15年9月8日判決（TAINS　Z999-0083）

(1) 請求額

2272万1180円

(2) 判　　決

請求棄却（税理士勝訴）

(3) 事案の概要

1　Yは、A弁護士からXを紹介され、相続税申告業務を受任した。

2　Yは、遺産分割未了であったことから、平成3年8月26日、税務署に対し、第1相続について、被相続人一郎の遺産の課税価格を2億1946万9000円とし、法定相続分にしたがって各相続人の相続税額を算出して申告書を提出した。

3　その際、Xに対し、被相続人一郎の遺産分割が未了であったため、配偶者税額軽減の届出をすることができないと説明し、遺産分割完了後に、更正の請求をすると説明した。なお、Yは、その際、Xに対し、細かい手続や、税務署長の承認を得ないことの効果（更正ができなくなること）についてまでは説明しなかった。

4　Yは、平成3年9月2日、税務署に対し、第2相続について、同年2月27日が被相続人一郎が同年3月3日に花子が相次いで死亡し、第1相続の遺産分割協議ができていないこともあり、相次相続控除をして税申告をした。

5　Xは、平成4年10月ころ、第1相続の遺産分割事件の事務処理を委任していたA弁護士を解任した。

6　Yは、A弁護士が前記遺産分割事件を受任中は、Xから、同事件の進捗状況の報告を受けていたが、A弁護士の解任後は、Xから同事件の進捗状況を報告をされなくなった。なお、Yは、第1相続に

ついて配偶者税額軽減の措置を受けるのであれば必要な税務署長への承認申請書（遺産分割ができないことについてのやむを得ない事情の詳細を記載した書面）を、提出期限である平成6年9月28日を経過するも提出しなかった。

7 　その後、平成12年11月20日、Xらに関する遺産分割審判が確定した。

8 　Xは、平成13年2月ころ、第1相続及び第2相続の相続税の修正申告をするために、B税理士に依頼したが、遺産が未分割であることについてやむを得ない理由がある旨の承認申請書が税務署長に対し提出されていないため、相続税の更正申告はできないと説明された。

9 　そこで、Xは、Yが説明義務違反及び任務懈怠によって、配偶者の税額軽減を適用できず、さらにその相続税の延納が許可されなかったなどとして、損害賠償請求訴訟を提起した事案である。

裁判所の判断

1 　Yは、Xに対し、配偶者税額軽減に関し、申告期限後3年経過時の手続についてまでは説明していない。

2 　Yは、①A弁護士の紹介でXから相続税申告手続を受任したこと、②Yは、第1相続の相続税申告に当たり、Xに対し、被相続人一郎の遺産分割が未了であったため、春子について配偶者税額軽減の届出ができないので、遺産分割完了後に、更正の申告をすると説明したが、遺産分割が相続税申告期限から3年以内に完了すれば税務署長の承認は不要であり、税務署長の承認が得られる期間が満了するのは、相続税の申告日から数えても3年以上先のことであること、③Yは、A弁護士がXの遺産分割事件を受任している間はXから遺産分割の進捗状況の報告を受けていたが、A弁護士解任後の平成4年10月以降はXから遺産分割の進捗状況の報告を受けなくなったことが認められる。

3　以上の事実によれば、Yが、平成3年の相続税申告の段階で、Xらの遺産分割が、申告時から3年経過しても終わらないという事態を想定し、Xに対し、その手続を説明しなければならないというのはいささかYに酷であって、Yがそのような義務までを負っていたと解することは困難であるというべきである。

4　また、Xは、Yが配偶者税額軽減について税務署長に対し承認申請書を提出していないことをもって、Yの債務不履行と主張している。しかし、前記認定事実によれば、Xは、平成4年10月ころ、YにXを紹介したA弁護士を解任し、同弁護士の解任後はYに遺産分割の進捗状況について報告をしなかったことが認められ、そうだとすると、YはXらの遺産分割事件が相続税申告から3年以上経過してもなお決着していないことを知り得なかったというべきであり、Yの承認申請書不提出をもってYの債務不履行ということはできない。

（延納手続についての説明義務違反の点）

5　YはXに対し延納申請書の控えを交付しているところ、同控えには担保記載欄があり、担保が必要なことが明記されていること、②Xはその後自ら尾張瀬戸税務署に担保提供書を持参していること、③Xは延納申請が却下されても、本訴提起に至るまでの約10年間、Yの延納手続を問題にしていなかったことが認められ、これらの認定事実に照らすと、Yは、Xに対し、延納手続に担保が必要であることを説明していたと認めるのが相当である。

6　Yに債務不履行はない。

解　説

本件で、依頼者は、第1相続において配偶者税額軽減を受けるためには、申告期限後3年以内に遺産分割が成立することが必要であり、3年経過時において遺産分割が成立せず分割の調停審判等が継続するときには、税務署長の承認を受け、その後分割が成立したときより4か月以内に更正申告をする必要があったにもかかわらず、それを説明

●説明助言義務違反が問われた裁判例（その4）

しなかったこと、延納手続で担保が必要であることを説明していなかったこと、を理由に税理士の説明義務違反を主張した。

しかし、裁判所は、依頼者は弁護士の紹介で税理士に委任することになったが、弁護士解任とともに遺産分割経過を税理士に報告しなくなってしまったことから、税理士が遺産分割が3年以上かかることまで予想して説明することを要求するのは酷であるとして説明義務を認めなかった。

また、延納手続において担保が必要なことについては、延納申請書の控えを交付していることなどを理由として、説明義務を履行したと認定した。

なお、本件では、委任事務終了から約10年後に提訴されている。税理士の債務不履行に基づく損害賠償責任の消滅時効が10年であることに注意を要する。

対 策

本件では、未分割申告において、3年後の手続についての説明義務が否定された。しかし、説明をし、かつ、その証拠を残しておけば提訴自体を回避できた可能性がある。

そこで、相続税業務を受任する際には、一般的に説明が必要となる事項について、説明書の雛形を作成しておき、委任契約書締結と同時に交付して説明し、かつ、受領印を徴求しておくことが紛争回避にとって有効である。

前述したところであるが、当該説明書面に記載すべき項目として、次のようなものが考えられる。

・財産の範囲（負債）
・名義財産
・国外財産

- 生前に贈与を受けた財産
- 生命保険の有無
- 相続放棄の有無
- 相次相続控除について
- 相続時精算課税制度について
- 準確定申告について
- 申告期限について
- 未分割申告の税額軽減など特例の説明
- 「3年内分割見込書」、延長のための「承認申請書」や遺産分割協議成立後の更正の請求について
- 現金納付・延納・物納
- 障害者控除について
- 脱漏の場合の加算税等の不利益
- 連帯納付義務
- 相続人の消費税の納税義務発生の可能性

◆税理士が業務を行うについて、依頼者に想定されるあらゆる可能性が予想し、全てを説明しつくすのは困難である。しかし、一般的に想定される事項について、説明書面の雛形を作成し、交付しておけば、説明漏れや説明助言の有無についての後日の紛争を回避することが可能である。

●有利選択義務に関する裁判例

神戸地裁平成14年6月18日判決（TAINS　Z999-0052）

(1)　請求額

33万2053円

(2)　判　決

請求棄却（税理士勝訴）

(3)　事案の概要

1　Xらは、相続税申告業務をYに委任した。

2　相続財産には私道が含まれており、本件私道は、不特定多数の者の通行の用に供されていた。

3　財産評価基本通達24は「私道の用に供されている宅地の価額は11（評価の方式）から21-2（倍率方式による評価）までの定めにより計算した価額の100分の60に相当する価額によって評価する。この場合において、その私道が不特定多数の者の通行の用に供されているときは、その私道の価額は評価しない。」と規定されている。

4　Yは、本件私道を不特定多数の者の通行の用に供されているとは判断せずに相続税申告書を作成、提出した。

5　その結果、Xらは、過大な相続税を負担した等の損害を被ったとしてYに対して損害賠償請求をした事案である。

> **裁判所の判断**
>
> 1　Yは、Xとの間の委任契約上、税理士として、相続税のための財産評価にあたり、財産評価基本通達を含む法令に則り、依頼者のためにできるだけ有利な評価を採用するようにする注意義務があり、そのため必要な質問や調査を尽くすべき義務があるというべきである。

2　本件私道は不特定多数の者の通行の用に供されていたものであるが、その認定は、訴訟の和解内容を考慮した上での認定であり、しかも、その部分の面積が些少であることを考えれば、Yが現地調査に赴いた際に、現場の状況からこの些少な部分が隣地の車の通行のために使用されていることを想定することは、著しく困難であったと認められる。

3　Yが、本件私道部分全体が車庫の専用通路と判断したとしても、その判断が不合理であるということはできない。

解　説

　本件で、裁判所は、相続税申告業務を受任した税理士は、相続財産の評価にあたって、依頼者のためにできるだけ有利な評価を採用するようにする注意義務、つまり、有利選択義務があるとした。しかし、税理士による財産調査の過程で認識しうる事情によると、税理士が判断を誤ったのも不合理ではない、と判断し、税理士の注意義務違反を否定した。

　本件は、有利選択義務について判断したものではあるが、注意義務の内容としては、税理士として必要な財産調査を行ったかどうか、ということである。

対　策

　有利選択義務が問題となる場合には、税理士が依頼者にとって有利な結果となるよう、必要な調査や質問を尽くしたかどうか、という判断過程が問われることになる。

　したがって、この判断過程自体を証拠化しておかなければ、裁判において、「言った、言わない」等の争いになる可能性がある。

　そのような争いを回避するために、どのような資料に基づき事実を認定したかの証拠を残すことや、税理士法第33条の2の書面

添付制度を利用し、判断過程を証拠化しておくことも紛争解決に資するものと思われる。

◆税理士が注意義務を尽くしたかどうか、が争われる時には、裁判の資料として、①税理士がいかなる調査をしたか、②いかなる資料に基づいて検討したか、③どのように判断したか、が提出されることになる。したがって、調査の内容、資料、判断過程、について証拠化しておくことが望ましく、そのために、税理士法第33条の2の書面添付制度は有効である。

●積極調査義務に関する裁判例（その１）

東京地裁平成22年12月8日判決（TAINS　Z999-0133）

(1) 請求額

　1678万0760円

(2) 判　決

　896万4900円を支払え。

(3) 事案の概要

1　Yは、平成16年6月1日、Xと本件顧問契約を締結し、また、後にXが吸収合併したZ社との間でも、税理士顧問契約を締結した。

2　Xは、平成17年2月1日、Z社を吸収合併した。

3　Xは合併を機に会計ソフトを変更した（以下、変更後の会計システムを「弥生会計システム」という）。Xの経理担当者である丙は、弥生会計システムにXの勘定科目や、各勘定科目ごとに消費税の課税仕入れとなるか否かの区別などを初期設定したが、Xにおいて使用していた「労務賃金」の勘定科目について、これが本来課税仕入れの対象とならないXと雇用関係にある派遣対象者に対する賃金・給料等の支払を示す科目であるにもかかわらず、誤って課税仕入れの対象に設定した。

4　Yは、Xの勘定科目の誤りに気づかずに、消費税及び地方消費税の申告を行った結果、納付すべき消費税及び地方消費税の額を誤って過少に申告したため、後に、過少申告加算税、延滞税等の納付を要することとなった。そこで、Xは、Yに対し、損害賠償を請求した事案である。

```
------ 裁判所の判断 ------
1　税理士は、税務に関する専門家として、納税義務者の信頼にこたえ、納税義務の適正な実現を図ることを使命とする専門職であり（税
```

理士法1条参照)、納税者から税務申告の代行等を委任されたときは、委任契約に基づく善管注意義務として、委任の趣旨に従い、専門家としての高度の注意をもって委任事務を処理する義務を負うものと解される。
2　そして、税務申告を行うに際しては、税務に関する専門的知識が必要となり、しかも、適切な申告がなされない場合には、過少申告加算税や延滞税が賦課されるなどの不利益を課されるおそれもあるのであるから、税理士に対し税務申告の代行を依頼した委任者としては、税理士が税務に関する専門的知識を用いて適切に税務申告を行い、適正な納税義務の履行を果たすことを期待しており、受任者である税理士も、このような委任者の委任の趣旨を了承し、そのような委任事務処理の対価として報酬の支払を受けるものであると解される。
3　したがって、税務申告の代行の依頼を受けた税理士は、委任者の作成した資料に基づき、委任者の指示に従って申告書等を作成する場合には、上記のような委任契約に基づく善管注意義務の一環として、税務の観点から委任者の作成した資料を確認し、その内容に不適切な点があり、これに依拠すると適切な税務申告がなされないおそれがあるときには、不適切な点を指摘するなどして、これを是正した上で申告を代行する義務を負うものと解される。
4　Xの担当者である丙は、会計システムの変更に伴い、自らの理解不足のおそれを懸念して、Yに対し、初期設定した課税区分等の一覧表の確認を依頼した。
5　このような状況の下においては、本件顧問契約に基づき、Xに対して税務上の助言等を行うべき義務を負っていたYとしては、丙による課税区分等の設定に誤りがないかを慎重に検討し確認すべきであったということができる。
6　Xの第26期における課税仕入れ額及び控除税額は、それ以前のZ社のそれら、あるいはXの控除対象仕入税額と比較して著しく増加

しており、XがZ社を吸収合併した前後で、Z社及びXの人材派遣の方法等の業務内容が大きく異なっていないことを考慮すると、これらの著しい増加は、それ自体が不自然である。

7　課税標準額との対比においても、Xの第26期の課税標準額（4億8386万円）が、Z社の平成15年4月1日から平成16年3月31日までの事業年度の課税標準額及び平成16年4月1日から平成17年1月31日までの期間の課税標準額のそれぞれ約1.25倍及び約1.89倍であるのに対し、Xの第26期の課税仕入れ額（2億7403万2596円）は、Z社の上記の各期間の課税仕入れ額のそれぞれ約7.14倍及び約10.08倍となっているなど、一見して不自然である。

8　「労務賃金」の名称の勘定科目に計上された額が、本来課税仕入れ額に含めることのできない賃金・給料等であることは、Yが、Xにおいて、これらについて所得税の源泉徴収をしているかどうかを確認するなどすれば、容易に判明する事柄であったということができる。

9　Yは、Xにおいて合併や新たな会計用ソフトウェアの導入といった消費税にする課税仕入れの対象の区分につき慎重な検討を要する状況下において、Xの算出した課税仕入れ額の把握に誤りがあることをうかがわせる事実が存在していたにもかかわらず、十分な調査・確認を行わず、誤りを是正しないままXの作成した資料に基づいて税務申告を行い、その結果、第26期から第28期までの消費税及び地方消費税の過少申告がなされるに至ったのであるから、Yは、本件顧問契約に基づく善管注意義務に違反したものと認められる。

―――― 解　説 ――――

　本件は、依頼者から送付された資料に誤りがあるにもかかわらず、税理士がこれを見逃したことによって過少申告となったことについて、税理士の積極調査義務違反を認めたものである。

　調査義務違反が認められるためには、資料の誤りを発見すること及

び結果を回避することが可能でなければならない。

　本件では、経理担当者から勘定科目の設定に誤りがないかどうか税理士に問い合わせがあり、誤りを発見するチャンスがあったこと、控除対象仕入税額及び課税標準額の著しい増加という不自然な兆候があったこと、などから、発見すること及び結果を回避することが可能であったと判断し、税理士の調査義務を認めたものである。

> ### 対策
>
> 　本件は、税理士が、数字の不自然な点について疑問を抱かず、漫然と処理をしたことに原因がある。本件のようなミスを防ぐには、複数の目で見た方が不自然さに気づきやすいので、事務所内でのダブルチェック体制を構築することが有効である。
>
> 　また、ミスの兆候に気づくには、他の税理士の失敗事例に触れることも有効であるから、税理士損害賠償事例や税理士職業賠償保険の事例など多数の事例を頭に入れておくことも検討されたい。
>
> 　さらに、試算表や申告書を作成する際に、前期、前々期の比較表を作成すると、数字の不自然さが明らかになり、その点を依頼者に質問するなど、誤りを発見しやすくなるだろう。

> ◆数字だけを転記して流れ作業的に業務を行っていると、本件のようなミスを犯す可能性がある。依頼者が作成した資料に誤りがあった場合に、税務の専門家としての立場から見れば容易に気づくだろう、というような時は、責任が発生する場合があるので、一件一件慎重に検討することが必要である。

●積極調査義務に関する裁判例（その2）

東京地裁平成21年10月26日判決（判例タイムズ1340号199頁）

(1) 請求額

　402万3300円

(2) 判　決

　402万3300円を支払え。

(3) 事案の概要

1　Xは、合計7棟の賃貸用建物及び2つの駐車場（以下「本件不動産」と総称する。）を所有して、これらの賃貸業（以下「本件不動産賃貸業」という。）を営んでいる者である。

2　Yは、平成12年から平成17年度まで、毎年度、Xの所得税の確定申告書等の作成を受任した（以下、まとめて「本件委任契約」という。）。

3　Xは、Yに対し、不動産収入の内訳明細書や仲介業者が作成した賃料集金明細書を提出した。Xは、本件不動産賃貸業において、礼金及び更新料等を受領していたが、不動産収入の各内訳明細書の、礼金・敷金・更新料欄には、これを一切記載せず、また、仲介業者が作成した賃料集金明細書にも、礼金等の額は正確に記載されていなかった。

4　Yは、Yの従業員が作成した本件各確定申告書等の各税理士欄に記名又は記名・押印した。Yは、その際、本件各確定申告書等の記載内容を、本件各資料の内容と照合して、その記載内容の正確性を検討したり、自ら又は従業員を通じて、Xらに対し、本件不動産賃貸業に関する礼金等の有無や本件借入利息の内容等についての確認や事情説明、資料の追加提出等を求めることなどはしなかった。

5　平成18年秋以降、税務調査を受け、平成11年度から平成17年度までの確定申告につき、不動産収入の申告漏れ及び必要経費の計上の誤り等を指摘された。Xは、修正申告を行い、所得税の加算税等

の賦課決定を受け、過少申告加算税、重加算税及び延滞税の支払を余儀なくされたことから、Yに対し、損害賠償を請求した事案である。

裁判所の判断

1　Yは、税理士として、独立した公正な立場において、申告納税制度の理念に沿って、納税義務者の信頼に応え、納税義務の適正な実現を図ることを使命とする専門職であり（税理士法（以下「法」という。）1条参照）、税理士業務を行うに当たっては、依頼者が、課税標準等の計算の基礎となるべき事実の全部又は一部を隠ぺいし、若しくは仮装している事実等があることを知ったときには、直ちにその是正をするよう助言する（法41条の3）などの義務を負う。

2　したがって、Yは、上記法の趣旨に照らして、本件委任契約に基づき、Xに対し、税務の専門家として、税務に関する法令、実務に関する専門知識に基づいて、Xからの委任の趣旨に沿うよう、適切な助言や指導を行って、確定申告書等の作成事務を行うべき義務を負う。

3　Xには、平成11年度から平成17年度までの各年度において礼金等について相当額の収入が存在したにもかかわらず、XがYの従業員に提出した平成11年度の賃料収入に関する資料には礼金収入が1件のみ記載され、平成12年度から平成17年度までの本件各内訳明細書には、礼金等の収入が全く記載されていなかったこと、本件不動産のうち建物については、月額賃料が5万円から10万円までの賃貸物件で、貸主において、契約締結時又は更新時に礼金又は更新料を受領したり、退去日等との関係から日割賃料が発生するケースも少なくないこと、などから、本件各確定申告書等には、礼金等の収入が計上されず、また、本件借入利息等を含む本件不動産賃貸業に関係しない支出が必要経費として計上されたことが認められる。

4　税務に関する専門知識を有するYにおいて、本件各確定申告書等の記載と本件各資料の記載を照合して、本件各確定申告書等の根拠となっている本件各資料の内容を精査すれば、礼金等の収入の有無や必要経費の内容や金額などについて、疑問をもち、Xに対し、これらについて説明を求め、追加資料の提出を促すことは容易であっ

たというべきである。
5 本件委任契約を受任した税務の専門家として、Xからの委任の趣旨に沿うよう、Xに対し、適切な助言や指導を行って確定申告書等を作成すべき義務を怠ったと認められる。

解 説

　本件は、税理士が、所得税確定申告書の作成について、従業員に任せきりにし、その内容を精査せずに確定申告書に署名押印した事案である。

　依頼者が不動産賃貸業であることから、賃貸借契約時に敷金や礼金の授受が行われる可能性があることは、税理士であれば容易に推測可能であった。それにもかかわらず、依頼者から提出された資料を精査せずに、何の疑問も抱かず、積極的に調査、質問しなかったことについて注意義務違反を認めたものである。

対 策

　本件では、不動産賃貸業で当然予想される収入の授受について確認を行っているが、事業の種類毎に、一般的な収入と支出の類型がある。

　不動産賃貸業の場合には、賃貸借契約時に敷金、礼金の授受が推測されるし、弁護士の場合には、受任時に着手金の授受が推測される。

　このような見落としを防ぐには、複数の目で見た方が不自然さに気づきやすいので、事務所内でのダブルチェック体制を構築することが有効である。

◆税理士は、依頼者から提出された入出金に関する資料だけでなく、「通常であれば提出されるはずなのに、提出されていない資料」を発見する努力をすべきである。

●法令調査義務に関する裁判例（その1）

東京地裁平成26年2月13日判決（TAINS　Z999-0145）

(1) 請求額

合計2億7192万7500円

(2) 判　決

合計2358万3400円を支払え。

(3) 事案の概要

1　Xは、平成13年6月20日、アメリカ合衆国に帰化して同国の国籍を取得したため、同日に日本国籍を失っており（国籍法11条1項）、平成20年3月5日当時、アメリカ合衆国内に住所を有していた。

2　被相続人は、平成20年3月5日、死亡した。

3　Xらは、A会計事務所に対し、本件相続に係る相続税の申告の代理を依頼した。

4　Yは、A会計事務所に所属する税理士であるが、Yは、①平成20年8月から同年9月頃、Xが長期間アメリカ合衆国で生活していることから、アメリカ合衆国に帰化して日本国籍を喪失しており、制限納税義務者に該当する可能性があると考え、これを関係者に確認したところ、Xはアメリカ合衆国の国籍を取得したが、日本国籍を放棄していないため、二重国籍である旨の回答を受けた。

5　Yは、かかる回答を前提として、Xが日本国籍を有することを前提として相続税申告書を作成し、平成20年12月15日、相続税の申告を行った。

6　国税庁は、平成23年1月25日以降、本件相続に関して税務調査を行い、Xは日本国籍を喪失しているために制限納税義務者に該当する旨の指摘を受けて、修正申告をした。

第3章 税理士に対する損害賠償請求の裁判例

7 そこで、Xらは、Yや会計事務所税理士らに対し、助言指導義務違反を理由として、損害賠償を求めた事案である。

------ **裁判所の判断** ------

1 税理士は、税務に関する専門家として、独立した公正な立場において、申告納税制度の理念にそって、納税義務者の信頼にこたえ、租税に関する法令に規定された納税義務の適正な実現を図ることを使命とする（税理士法1条）ことから、依頼者と税の申告や納税の指導・助言をするなどの契約を締結した場合には、その契約の性質は委任契約あるいは準委任契約と解されるから善管注意義務を負うが（民法644条）、法令の範囲内で依頼者の利益の最大化を考えて業務を遂行すべき義務を負い、上記社会的使命に照らし一般的に要求されるよりも高度の注意義務が要求されるというべきである。具体的には、委任された業務については、依頼者が述べた事実や提示された資料から判明する事実に基づいて業務を遂行すれば足りるものではなく、課税要件等に関係する制度の確認を含む事実関係の究明をすべき義務を負い、また、委任された業務に関して依頼者が採るべき方法が複数ある場合には、依頼者が正しい判断ができるように適切な指導及び助言を行うべき義務を負うものと解するのが相当である。

2 確かに、税理士は、税務に関する専門家であるから、一般的には租税に関する法令以外の法令について調査すべき義務を負うものではないが、日本国籍を有しないことが制限納税義務者の要件として規定されている以上は、一般人であれば相続人が日本国籍を有しない制限納税義務者であるとの疑いを持つに足りる事実を認識した場合には、相続税の申告等に先立ち、当該相続人が日本国籍を有するか否かについて確認すべき義務を負うというべきである。

3 そして、日本国籍喪失の要件については国籍法に規定されているのであるから、日本国籍を有するか否かについて判断するためには国籍法を確認することが不可欠であり、国籍法の規定を確認しな

かったことは、税理士としての義務に反するといわざるを得ない。税理士は、依頼者が述べた事実や提示された資料から判明する事実に基づいて業務を遂行すれば足りるものではないから、相続人の関係者からの事情聴取及び被相続人の戸籍の全部事項証明書の取得をしたことだけで税理士としての義務を果たしたということはできないし、相続税法基本通達が指摘する「日本国籍と外国国籍とを併有する重国籍者」とは、両親が日本国民と外国人であるなどの自己の志望によらずに外国の国籍を取得し、その国の国籍を選択していない者を指すのであって（国籍法11条2項以下参照）、国籍法を確認すれば、その場合と異なり、日本国民が自己の志望によって外国の国籍を取得したときには日本の国籍を失うことが容易に判明したのであるから、相続税法基本通達を確認したからといって、税理士としての義務を果たしたということはできない。

4　なお、国籍法11条1項は、日本国籍喪失の要件を明確に定めた規定であり、本件では税理士による法令の解釈適用の誤りを義務違反とするものではなく、Yが上記規定を確認しなかったこと自体が税理士としての義務に違反するというべきものであるから、税理士にその業務の範囲を超えた義務を負わせるものではない。

解　説

　本件で、裁判所は、「税理士は、税務に関する専門家であるから、一般的には租税に関する法令以外の法令について調査すべき義務を負うものではない」としたが、本件のように課税要件充足の判断に他の法令の適用がある場合には、「課税要件等に関係する制度の確認を含む事実関係の究明をすべき義務を負」う、とした。

　ただし、本判決は、税理士に対し、法令の解釈適用の誤りを指摘しているわけではない。「一般人であれば相続人が日本国籍を有しない制限納税義務者であるとの疑いを持つに足りる事実を認識した場合に

は、相続税の申告等に先立ち、当該相続人が日本国籍を有するか否かについて確認すべき義務を負うというべきである。」として、国籍法の条文を確認しなかったことをもって、注意義務違反と捉えているものである。

> **対策**
>
> 　税理士が損害賠償請求を回避するためには、証拠化が重要である。しかし、今回のように、関係者にＸの国籍について、質問したのに対し、「アメリカ合衆国の国籍を取得したが、日本国籍を放棄していないため、二重国籍である」等と誤った回答がなされたことを証拠化したとしても、注意義務違反を免れるわけではない。
> 　業務処理上、疑義が生じた場合には、積極的に質問し、資料を精査するとともに、課税要件充足の有無に他の法令や制度の適用の有無、契約関係などが関係する場合には、法律や規則、約款、契約書などの原典を確認すべきであって、安易に依頼者等の回答を鵜呑みにしないことが大切である。

◆税理士は、税理士業務を遂行する上で、税法以外の法律の適用を調べる必要がある場合には、一度当該法律の条文を読んでみることが大切である。

●法令調査義務に関する裁判例（その2）

那覇地裁沖縄支部平成23年10月19日判決（TAINS　Z999-0127）

⑴　請求額

合計2467万5985円

⑵　判　決

請求棄却（税理士勝訴）

⑶　事案の概要

1　Xらは、Yに対し、相続税申告手続を委任した。

2　Yは、相続財産について調査し相続税申告書を作成、提出したが、Xは、Yが不動産についての所有権に関する調査を怠り、あるいは過大な相続税を納税する危険を説明すべき義務を怠った結果、Xが相続していない土地についても相続税を納付して損害を被った旨を主張して、Yに対し、不法行為に基づき、損害賠償を請求した事案である。

裁判所の判断

1　税理士であるYは、税務の専門家として、税務に関する法令、実務の専門知識を駆使して、納税義務者の信頼に応えるべき立場にあるから、納税義務者のため税務代理、税務書類作成等の業務を行うに当たっては、課税対象となる財産の範囲を調査し、これを納税義務者に説明すべき義務を負うものというべきである。

2　本件において、Yは、本件土地の所有名義人が訴外甲であることを確認したことから、訴外乙の相続人らに事情を尋ねたところ、訴外乙が本件土地を所有していた旨の回答を得たばかりか、訴外丙から、自分が本件土地を相続したと主張されたものである。Yが、税務の観点に立って、相続税を負担することになるにもかかわらず相続による取得を主張する者の供述に信用性を認めたことには、合理

第3章 税理士に対する損害賠償請求の裁判例

性が認められる。
3 そして、Yは、本件協議書の内容や本件土地の利用状況も調査し、上記供述の裏付けを得ている。
4 税理士は、税務の専門家であって、法律の専門家ではないから、ある財産を遺産に含めて相続税の課税対象として処理する場合に、所有権の移転原因を厳密に調査する義務があるとまではいえず、税務署が納税行為の適正を判断する際に先代名義の不動産の有無を考慮している現状にも照らせば、Yが本件土地に関する調査義務に違反したということはできない。

解説

本件で、裁判所は、税理士の相続財産の所有権についての調査義務に違反するものではない、と結論した。税理士は、相続税申告書を作成するにあたっては、相続財産の範囲を調査し、所有権について認定する必要がある。その調査の程度については、「法律の専門家ではないから、ある財産を遺産に含めて相続税の課税対象として処理する場合に、所有権の移転原因を厳密に調査する義務があるとまではいえ」ない、とした。ただし、その判断には、税務の専門家としての「合理性」が必要であるとし、判断の合理性を検討した上で、税理士の注意義務違反を否定したものである。

対策

不動産その他の相続財産の名義が被相続人ではない場合に、相続財産と認定するかどうかは悩ましい問題である。名義預金その他の「名義財産」の問題も、これに含まれる。
このような場合には、税理士は、慎重に資料を精査し、かつ、質問し、相続財産と認定されるかどうかの判断をしなければならない。

●法令調査義務に関する裁判例（その2）

　たとえば、名義預金の場合、過去の裁判例や裁決例を見ると、次のような点を考慮して名義預金かどうかを判断していることがわかる。

> ①　預金原資はあるか
> ②　出捐者は誰か
> ③　預金通帳、印鑑の管理は誰か
> ④　その預金から利得を得ているのは誰か
> ⑤　通帳の届出住所は誰の住所か
> ⑥　贈与契約書はあるか
> ⑦　贈与税の申告はされていたか

　これらの事情を確認しつつ、相続財産かどうかを確定していくことになる。この際、判断過程を証拠として残しておくことが、後日の紛争回避に有用である。
　また、所有権について判断が難しい場合には、依頼者その他関係者から、所有権について証明する確認書を徴求し、誤りがあった時の不利益について説明助言した旨の書面を残しておくことも検討されたい。また、弁護士に相談し、弁護士からの意見書を取得して証拠として残しておくことも有効な方法である。

◆税理士業務を行う上で、税法以外の法律の解釈適用が問題となることがある。この場合、税理士には弁護士のように高度の法律解釈まで求められるわけではないが、税務の専門家として要求される程度の解釈適用は必要となるので、慎重に判断するとともに、場合によっては弁護士の意見書を徴求するなど検討することが望ましい。

●法令遵守義務に関する裁判例（その1）

東京地裁平成10年11月26日判決（TAINS　Z999-0047）

⑴　請求額

　　合計1億1063万7211円

⑵　判　決

　　合計5999万9999円を支払え。

⑶　事案の概要

1　Xら被相続人一郎の相続人は、Yが代表を務めるコンサルタント会社に相続税の節税策について相談した。

2　コンサルタント会社は、Xらに対し、節税策を助言し、Xらは、次のとおり節税策を実行した。

　①　一郎がA社の株式を買い受け、その売買代金14億52万3600円を支払った。

　②　一郎は、株式を一定期間経過後、相続人Xに対して贈与した。

　③　Xは本件贈与について、配当還元方式により本件株式を評価した上、1709万7600円の価額の贈与を受けたとして、平成6年3月柏税務署に対し、642万3300円の贈与税の申告を行った。

　④　受贈者である相続人Xは、株式を一定期間保有した後、時価（13億4167万8000円）で売却し、買取資金を回収した。

3　柏税務署長はXに対し、平成8年2月16日、平成6年3月の贈与税の申告について贈与税として9億6904万6100円及び過少申告加算税1億4407万1500円を納付すべきとする更正処分及び加算税の賦課決定処分をした。

4　そこで、Xらは、Yらに対し、助言指導義務違反を理由として、不法行為に基づく損害賠償を請求した事案である。

5　相続税法第22条は、「……相続、遺贈又は贈与により取得した財

産の価額は、当該財産の取得の時における時価……による。」と規定し、財産評価基本通達第一1（二）は、「財産の価額は、時価によるものとし、時価とは、……それぞれの財産の現況に応じ、不特定多数の当事者間で自由な取引が行われる場合に通常成立すると認められる価額をいい、その価額は、この通達の定めによって評価した価額による。」と規定している。

そして、同通達によると、少数株主の所有する株式の価額については、当該株式の年間配当金額を基準として計算する方法（配当還元方式）により評価することとされている。

6　本件で、Yらは、この通達に基づく相続税の節税策を助言したものである。

裁判所の判断

1　本件相続税対策は贈与税ひいては相続税の大幅な軽減を目的として考案されたものであることは明らかである。そして、本件株式は専ら相続税又は贈与税の負担の軽減を図る目的で一時的に保有され、その目的を達成すると、出資額に見合う金銭を回収することを目的として発行される特殊な株式であり、通達が配当還元方式により評価することを予定している株式とかけ離れた性質を有するというべきであり、右株式を配当還元方式により評価した場合には、納税者間の課税の公平が著しく損なわれる上、富の再配分機能を通じて経済的平等を実現するという相続税法の立法趣旨から大きく逸脱することは明らかである。

2　Yは税理士であり、租税立法、通達及び課税実務等について専門的知識を有するのであるから、右立法の趣旨に反せず、課税実務において認められる内容の相続税対策を考案し、これをもって自己が経営する会社等を介して税務相談をすべき注意義務があるというべきである。しかるに、Yが考案した本件相続税対策は、租税立法の趣旨を大きく逸脱しており、課税実務上到底認め難いものであるこ

と、右対策が考案されたころには、いわゆる節税商品については、形式的に通達に従っていても税務当局から否認される流れが出始めていたこと、コンサルティング会社に雇用されている税理士のうち2名が右相続税対策は税務当局に否認されるリスクがあると考え、同社を退職したこと、Y自身も本件株式の購入価額と配当還元方式による評価額に差異が有り過ぎたことを自認していることなどからすれば、Yにおいて右対策が税務当局から否認されるおそれがあることは十分に予見することが可能であったというべきであり、それにもかかわらず、前記注意義務に反して課税実務において否認されるような本件相続税対策を考案し、これをもって自己が経営する会社等を介して税務相談をさせたことについて過失が認められる。

―――――― 解　説 ――――――

　本件で、税理士は、形式上、財産評価基本通達に則った節税策を助言している。しかし、判決では、税理士は、「立法の趣旨に反せず、課税実務において認められる内容の相続税対策を考案し、これをもって自己が経営する会社等を介して税務相談をすべき注意義務がある」として、行き過ぎた節税策により依頼者が損害を被った場合には、税理士に損害賠償責任が成立する旨判示した。

　財産評価基本通達総則6項は、「この通達の定めによって評価することが著しく不適当と認められる財産の価額は、国税庁長官の指示を受けて評価する。」と規定し、財産評価基本通達に則った処理であっても、評価が著しく不適当と認められるときは、国税庁長官の指示を受けて評価する、としている。したがって、通達に従った処理をしておけば否認される心配がない、とは言えないことになる。

●法令遵守義務に関する裁判例（その１）

>**対 策**
>
>　税理士は、法令の範囲内で依頼者に有利となるよう助言指導する義務があるが、その法令の範囲内という意味は、形式面だけでなく、立法の趣旨に反せず、かつ、課税実務において認められる範囲内、という趣旨を含むものである。
>
>　したがって、税理士としては、この点に留意した上で、業務を行うことが肝要である。

◆税理士は、たとえ依頼者の承諾があったとしても、法令や立法の趣旨に反した助言をしてはならない義務を負担する。

●法令遵守義務に関する裁判例（その2）

大阪高裁平成10年3月13日判決（判例時報1654号54頁）

(1) 請 求 額

4097万4300円

(2) 判　　決

329万4600円を支払え。

(3) 事案の概要

1　Xは、商業手形割引等による貸金業を営む会社であり、Yは、税理士で、Xと税理士顧問契約を締結し、Xの法人税申告書類の作成等の税務に関する税理士業務を行ってきた。

2　Yは、平成3年1月、法人税等の納付すべき税額を約4000万円と試算してX代表者に報告した。

3　代表者は、Yから納付すべき法人税額が約4000万円であると聞き、Yに対し、訴外Aに対する貸付金債権が回収できなくなっていることを告げ、税金を何とか少なくすることはできないだろうか等と述べて、税額の減額と納税時期を遅らせる方法はないか相談した。

4　Yは、基本通達により、貸金について担保がある場合には、その担保を処分した後でなければ貸倒損失として、損金処理ができない旨定められており、税務当局は原則として右基本通達にしたがって課税するであろうことは承知していたが、当時はいわゆるバブル経済の崩壊により不動産等の価格が下落するという異常な経済状況下にあり、担保物の換価に日時を要することは自明であって、代表者の説明によっても、現実に損失が生じているというので、担保物の処分前であっても貸倒として損金処理しても、基本通達の文言にかかわらず税務当局から右処理が認められる可能性があると判断し、Xに対し、積極的にAに対する貸付金の一部を損金処理する方法を

とることを指導した。

5　すなわち、Yは、代表者に対し、基本通達9-6-2により回収不能の貸金について担保物があるときは担保物を処分した後でなければ貸倒として損金処理できないが、バブル経済崩壊という異常な経済状況を考慮すると、担保物処分前でも税務当局によって貸倒損失として損金処理が認められる可能性があり、仮に、税務署で右損金処理が認められなくても国税不服審判所で審判してもらおう、そうすれば右処理を認めてもらえる可能性があり、また、税の納付を延期することができる等と説明し、Aに対する貸付金債権3億0399万0744円について、担保である株式及び不動産の処分見込価格を株式について3963万円、不動産を2億0825万円の合計2億4788万円と評価し、これを超える5611万0744円を貸倒損失として計上することとするように指導した。

6　その際、Yは、基本通達も事情の変化に即応して解釈されるものであるから、損金処理が認められる可能性はかなりあると説明した。

7　右確定申告について、東税務署長から調査が行われ、東税務署長は、Aの貸付金の一部の貸倒損金処理及びその他有価証券の評価方法は認められないとし、修正申告を行うように求めた。Xは、Yの指導にしたがい、控除所得税額を修正し、法人税額とする修正申告を行ったが、その他の点については修正申告に応じなかった。東税務署長は、更正及び過少申告加算税を賦課する旨決定した。

8　そこで、Xは、Yの助言指導義務違反によって損害を被ったとして、損害賠償を請求した事案である。

:::
裁判所の判断

1　Yは、Xとの間で顧問契約を締結し、決算の方針の決定、決算書類及び確定申告書類の作成に関して助言と指導を行ってきた者であるから、Xの行う確定申告について、税務に関する法令、実務に関する専門的知識、特に、基本通達は、税務に関する法令の解釈や運
:::

用に関する指針として重要なものであり、これらを十分に調査・検討の上、違法・不当な申告を行うことによりXが修正申告を余儀なくされたり、更正処分や過少申告加算税の賦課処分を受ける等により損害を被ることのないように指導及び助言をする義務がある。税理士は、右のように税理士法所定の使命を担うほか、依頼者との間には委任の関係があるから、受任者として委任の本旨に従った善良な管理者としての注意義務を負っており、依頼者の希望が適正でないときには依頼者の希望にそのまま従うのではなく、税務に関する専門家の立場から依頼者に対し不適正の理由を説明し法令に適合した適切な助言や指導をして、依頼者が法令の不知や税務行政に対する誤解等によって生じる損害を被ることのないようにすべき注意義務があるというべきである。

2　また、税理士は、委任契約の受任者として法令の許容する範囲内で依頼者の利益を図るべきであるところ、依頼者から基本通達に反する税務処理を求められたり、専門家としての立場からそれなりの合理的理由があると判断して基本通達と異なる税務処理を指導助言したりする場合において、基本通達が国税庁長官が制定して税務職員に示達した税務処理を行うための基準であつて法令ではないし、個々の具体的事案に妥当するかどうかの解釈を残すものであるから、確定申告をするに当たり形式上基本通達に反することが直ちに許されないというものではないものの、税務行政が基本通達に基づいて行われている現実からすると、当該具体的事案について基本通達と異なる税務処理をして確定申告をすることによって、当初の見込に反して結局のところ更正処分や過少申告加算税の賦課決定を招くことも予想されることから、依頼者にその危険性を十分に理解させる義務があるというべきである。

Aに対するXの貸金については不動産及び株式が、Bに対する貸金については不動産がその担保物として存在するから、Yの指導・助言したAの貸金の一部、Bの貸金の全部を損金処理することは右基

本通達に反する処理であることは明らかである。もとより、基本通達は、税理士法にいう税務に関する法令には該当せず、税務当局における税務に関する法令の解釈、運用指針というべきものであるが、基本通達は税務に関する取扱が公平、迅速に行われることを目的に作成されているものであつて、一般的に合理性を有するものである。基本通達は、一方で、右取扱は経済実態にそぐわない面があるとして、債権償却特別勘定に関する取扱を定めてその調整を図っている。債権償却特別勘定の認定を行い、その回収ができないことが明らかになったと認められれば、右償却特別勘定において償却が認められる。基本通達9-6-4は、「当該貸金の相当部分（おおむね50パーセント以上）の金額につき回収の見込がないと認められるに至った場合は、その回収の見込がないと認められる部分の金額」「担保物の処分によって得られると見込まれる金額以外の金額につき、回収できないことが明らかになった場合において、その担保物の処分に日時を要すると認められるとき」には、「その回収できないことが明らかになった金額は」担保物の処分が未だなされていなくても債権償却特別勘定に繰り入れることができるのである。したがつて、基本通達は全体として合理的なものとなっていることは明らかである。

3　そして、税務当局が基本通達に依拠して税に関する事項を取り扱っている以上、これに反する処理をしても、右処理が税務当局に受け入れられる可能性は少なく、基本通達に反する損金処理を行って納付すべき法人税額を少なく申告しても、税務当局によって更正処分がなされ、納税者は過少申告加算税を賦課される等の不利益を被る可能性が高い。

4　したがつて、税理士としては、依頼者から回収の困難な債権があるとして、税の軽減方法について相談を受けたとしても、安易な見通しや自己の意見に基づいて、基本通達に反するような処理を行うことを指導・助言すべきではない。仮に、基本通達に反するような

処理を行うことを指導する場合には、基本通達の趣旨、これに反する処理をした場合のリスク（税務調査、更正処分、過少申告加算税の賦課等）を十分に、具体的に説明した上で依頼者の承諾を得、かつ、基本通達に反する処理を行うことに相当な理由があり、その必要性が肯定される場合でなければ、そのような処理を行うことを指導・助言すべきでない。

5 そして、事前に税務当局の意向を打診するなどして依頼者に対して指導する処理方法が受け入れられる可能性について客観的に検討する必要もある。

6 Yは、バブル経済の崩壊により不動産・株式の暴落という異常な経済状況のもとでは、右基本通達の文言に反して担保物の処分前でも貸倒として損金処理することは合理的であると考えたのであり、Yの考えにも一理あるものと言わなければならないが、一方で、債権償却特別勘定に繰入れて損金処理する方法があり、右債権償却特別勘定に繰入れて損金処理することは、一審Yが異常事態と受けとめたバブル経済の崩壊による不動産や株式の暴落という経済状態に対応することができる一つの方法であるから、基本通達が法人税法本来の趣旨に反し妥当性を欠く至ったと断定することは困難であり、Yの指導した処理方法が税務当局によって認められる可能性は高くなく、かつ、必ずしもその必要性は高くないといわざるを得ない。

7 Yは、代表者に対して基本通達に反する処理を行うことにより、税務当局によって認められない可能性について一応説明したが、事前に税務当局に打診した形跡はなく、また、右のような処理をすることにより更正処分を受けることになること、過少申告加算税が賦課されること等の不利益を受ける可能性が高いことを十分説明したとは認められず、全体としては、Xに対し、代表者に対する債権について損金処理が認められる印象を与える説明となっていたといわざるを得ない。

8　YがXに対して基本通達に反してAに対する債権の一部を損金に算入する処理を行って、法人税の額を少なく申告しても、これが認められる可能性は低く、更正処分が行われ、基本通達にもとづいた処理の場合と同額まで税額が増やされ、その他に過少申告加算税の賦課処分も受ける可能性が高いことを説明し、指導していれば、Xは、基本通達に反する処理に基づく確定申告を行うことはなかったと認められる。

9　したがつて、Yが前記のような説明で、Xに対し右の損金処理を指導したことは顧問税理士として税務相談もしくは確定申告に関する書類作成に対する指導・助言義務に反し、税務相談における債務不履行といわざるを得ない。

―――― 解　説 ――――

　本件で税理士は、バブル崩壊後の異常な経済状態の中で、基本通達に反する処理が認められると判断して、基本通達に反する処理を依頼者に助言指導したものである。裁判所は、「形式上基本通達に反することが直ちに許されないというものではない」としたものの、「基本通達に反するような処理を行うことを指導する場合には、基本通達の趣旨、これに反する処理をした場合のリスク（税務調査、更正処分、過少申告加算税の賦課等）を十分に、具体的に説明した上で依頼者の承諾を得、かつ、基本通達に反する処理を行うことに相当な理由があり、その必要性が肯定される場合でなければ、そのような処理を行うことを指導・助言すべきでない。」とした。そして、今回の場合には、基本通達に反する処理を行うことに相当な理由も必要性もない、と判断し、税理士の注意義務違反を認めた。

第3章 税理士に対する損害賠償請求の裁判例

対 策

　税理士は、依頼者から、基本通達に反する処理を要請されることがある。このような場合には、基本通達に反する処理を行うことにより、将来更正処分や過少申告加算税等の不利益を生ずることを十分に説明し、その証拠を残しておくことが必要である。さらに、本判決によれば、依頼者の承諾を得ておくだけでは不十分であり、基本通達に反する処理をするには、基本通達に反する処理を行うことに相当な理由があり、かつ、その必要性が肯定される場合でなければ、そのような処理を行うことを指導・助言すべきではない、ということである。したがって、単に証拠化しておけば注意義務違反を免責される、というわけではないので、税理士としては、基本通達に反する処理をすることに合理性や必要性があるかどうかを、法令や基本通達の趣旨をよく検討の上、判断しなければならないということになる。

◆税理士は、必ずしも通達に反する処理をすることが許されないわけでないが、その場合には、処理の方法が法令の趣旨に反しないか、また、後日否認される可能性などを慎重に検討するとともに、依頼者に十分説明し、かつ納得を得ておく必要がある。

●第三者からの損害賠償に関する裁判例

仙台高裁昭和63年2月26日判決（TAINS　Z999-0002）

(1)　請求額

2000万円

(2)　判　決

1000万円を支払え（一審請求棄却）

(3)　事案の概要

1　Xは、昭和53年6月ころ、訴外会社の代表者から、訴外会社のために事業資金の融通並びに金融機関からの借入に必要な保証と担保の提供方を依頼され、2期分の黒字の確定申告書の写（昭和51年4月1日から昭和52年3月31日までの事業年度分について165万9681円の黒字の確定申告書の写しと昭和52年4月1日から昭和53年3月31日までの事業年度分について938万5712円の黒字の確定申告書の写）を示された。

2　ところが、訴外会社は、営業実績赤字であり、昭和52年4月1日から昭和53年3月31日までの事業年度分については5099万5807円の欠損を出した旨の赤字の確定申告書を税務署に提出していた。

3　しかし、Xは、訴外会社の代表者から示されたこれらの確定申告書の写の記載を真実と誤信し、訴外会社の代表者に対し、訴外会社のために資金の融通並びに保証と担保の提供をすることを約して、株式会社○○銀行、株式会社△△銀行、商工組合中央金庫から金員を借受けるにあたつて、Xとその身内の者が訴外会社のために連帯保証をし、不動産を提供した。

4　訴外会社は、昭和55年4月14日に倒産した。そのためにXらはこれらの債権者に対し昭和55年8月に保証人として総額2億円余

の支払をした。そのうちXは4000万円を超える金額の支払いを負担したが、その回収は不能であり、同額の損害を蒙つた。
5　Xは、訴外会社が赤字の会社であるならば、訴外会社のために資金の融通を受けさせたり、保証ないし担保の提供をする意思はなかったものである。
6　税務署に提出した赤字の確定申告書およびXに示された黒字の確定申告書は、Yが作成したものである。
7　そこで、Xは、Yが作成した虚偽の確定申告書に基づいて連帯保証及び担保提供をしたことにより損害を被ったとして、不法行為に基づく損害賠償請求をした事案である。

---- **裁判所の判断** ----

1　Yは、訴外会社の代表者の依頼を受けて、黒字の虚偽の確定申告書を作成するとともに毎月訴外会社の試算表（作為された疑いがある。）を作成してXに送付していた。
2　Yは訴外会社の代表者がこれを利用して融資先を欺いて訴外会社の金融を得ることを知りながら、訴外会社の実情を粉飾し、このような虚偽の内容を記載した書類を作成したものであること、すなわち、Yはこれにより訴外会社に対して融資をするものが損害を受けるかもしれないことを予見しながらあえてこのような虚偽の内容を記載した書類を作成したものであることが認められる。
3　Yは、その作成した書類の記載を信用して融資をし（保証をし、担保を提供した場合を含む。）、損害を受けたものに対しては、その損害を賠償する義務があるものといわなければならないから、Xに対し、その作成した書類の虚偽の記載内容を真実の内容と誤信したことにより蒙つた前記損害を賠償すべきである。

●第三者からの損害賠償に関する裁判例

---解　説---

　本件は、税理士が内容虚偽の確定申告書を作成したところ、その確定申告書を依頼者が第三者に示して連帯保証および担保提供をさせたことについて、第三者から税理士に対して不法行為に基づく損害賠償請求がなされた事案であり、裁判所は、税理士の損害賠償責任を認めた。

　不法行為に基づく損害賠償責任が発生するためには、第三者が損害を被るという結果を予見でき、かつ、その結果を回避することができることが必要である。

　確定申告書が赤字である依頼者から、黒字の確定申告書の作成を依頼されれば、税理士であれば、その黒字の確定申告書は金融機関等に示されて融資の申し込みや返済条件の交渉に利用され、あるいは、本件のように第三者への依頼に利用されたり、取引先に示されたり、という目的があることは、容易に予想しうるところである。また、そのような利用のされ方をすれば、当該第三者が将来損害を被る可能性についても予見可能かつ、内容虚偽の確定申告書の作成を拒絶することにより、第三者が損害を被る結果を回避することは可能である。

　したがって、税理士が内容虚偽の確定申告書を作成し、その確定申告書を信じたことによって損害を被った第三者がいる場合には、税理士は損害賠償責任を負担することを認めた判例である。

---対　策---

　確定申告書は、依頼者の真実の経営成績および財務内容を示していると信頼されやすい書類である。

　税理士は、税務に関する専門家として、独立した公正な立場において、申告納税制度の理念にそって、納税義務者の信頼にこたえ、租税に関する法令に規定された納税義務の適正な実現を図ることを使命とする（税理士法第1条）。したがって、税理士が確定申告

書を作成しているときには、確定申告書の信用性が増すことになる。

したがって、当該確定申告書を信用して経済行為を行う第三者がいることは当然に予想し、当該第三者が損害を被らないよう注意しなければならない。

税理士法第45条は、第1項で、「財務大臣は、税理士が、故意に、真正の事実に反して税務代理若しくは税務書類の作成をしたとき、又は第三十六条の規定に違反する行為をしたときは、二年以内の税理士業務の停止又は税理士業務の禁止の処分をすることができる。」とし、第2項で、「財務大臣は、税理士が、相当の注意を怠り、前項に規定する行為をしたときは、戒告又は2年以内の税理士業務の停止の処分をすることができる。」と規定している。税理士が故意または相当の注意をしないで真正の事実に反して税務書類を作成したときは懲戒処分にすることを定めているものである。

税理士としては、真正の事実に反した税務書類を作成することのないよう細心の注意を払うとともに、そのような依頼がされたときは、これを拒絶、是正指導し、場合によって委任契約を解除することを検討すべきである。

◆税理士は、依頼者との関係だけを考えていれば良いわけではない。税理士が作成した試算表や確定申告書等は、依頼者が金融機関や取引先等に提示し、取引のための根拠資料となることがある。真正の事実に反してそれら書類を作成した場合には、当該第三者に対して税理士が損害賠償責任を負担することがあるので注意を要する。

●税理士法人脱退に伴う裁判例

東京地裁平成26年4月9日判決（TAINS　Z999-0150）

(1) 請求額

2億3244万4540円

(2) 判　決

請求棄却（反対に、脱退税理士からの未払社員報酬及び未払交通費並びに持分払戻請求が認められた）

(3) 事案の概要

1　AとYは、平成22年9月29日、税理士法人であるX税理士法人を設立した。

2　X税理士法人の社員税理士であったYは、平成24年6月30日にX税理士法人の社員を辞任してX税理士法人から脱退した。

3　脱退前の平成23年12月から平成24年1月にかけて、Yや他の脱退する税理士らが担当している主な顧客に対し、YがX税理士法人から脱退して独立開業する予定であることやその理由等を説明した。

4　これを受けて、顧客の中には、徐々に、X税理士法人との顧問契約等を解約してYが開設する事務所と顧問契約等を締結するとの意向を固めたり、そのような意向を示すものが増えていき、Yらが担当していた顧客の相当数がそのような意向を示すようになった。

5　顧客の中には、X税理士法人との顧問契約等を解約する段取りなどの助言を求める者がおり、Yもこれに応じていたところ、YがX税理士法人を脱退する前に、X税理士法人に顧問契約等の解約通知書を送る者も現れた。

6　平成24年6月から8月までの間に、Yらが担当していたX税理士法人の顧客の多数がX税理士法人との間の顧問契約等を解約し、そ

のうちの相当数がYがX税理士法人脱退後に設立したY事務所との間で顧問契約等を締結した。

7　そこで、X税理士法人が、Yは、X税理士法人の社員を辞任する前から、X税理士法人の業務を執行する社員でありながら、許される開業準備行為の範囲を超えて、X税理士法人の顧客に対してX税理士法人の信用を失墜させるような言動をしたり、X税理士法人との顧問契約等を解約してYが開設する事務所と顧問契約等をするように働きかけるなどしたことから、X税理士法人の顧客の多数がX税理士法人との顧問契約等を解約し、Yが開設した事務所と顧問契約等を締結したとし、Yによる上記行為は、税理士法人の業務を執行する社員の善管注意義務及び忠実義務並びに競業避止義務の趣旨に違反するものであり、不当な方法でX税理士法人の顧客を奪取したものであると主張して、任務懈怠責任又は不法行為に基づき損害賠償を求めた事案である。

裁判所の判断

1　一般に、税理士法人の社員が脱退後に行った税理士法人との競業行為は、自由競争に属し自由であるから、当該競業行為が、社会通念上自由競争の範囲を逸脱した違法な態様で元の税理士法人の顧客を奪取したとみられるような場合に限って、元の税理士法人に対する不法行為に当たる（元従業員の競業行為に関する最高裁平成22年3月25日第一小法廷判決・民集64巻2号562頁参照）。

2　次に、X税理士法人の社員である間にYが将来の競業行為のために行う準備については、脱退するYの営業の自由と、税理士法人であるX税理士法人の利益との調和の観点から、競業行為の準備をすることは許容されるものの、X税理士法人の顧客に対し、X税理士法人との間の顧問契約等を解約して、Yが開設する事務所と顧問契約等を締結するように、違法不当な方法で働きかけることは許されないと解される。

3　Yは、X税理士法人の顧客に対する退任の挨拶の際などに、YがX税理士法人から脱退して独立開業する予定であること及びその理由等を説明したり、X税理士法人との顧問契約等を解約する段取りなどの助言を求める顧客に対しYらこれに応じたりする程度のことはしているものの、Yら、X税理士法人の社員ないし従業員であったことに基づく顧客との人的関係等を利用することを超えて、X税理士法人の営業秘密に係る情報を用いたり、X税理士法人の信用をおとしめたりするなどの不当な方法で脱退後の営業に向けた準備活動をしたことは認めるに足りない。

解説

　本件は、税理士法人の社員税理士が、税理士法人を脱退して独立開業するに際し、税理士法人の顧客を違法に奪取したものであり、損害賠償責任が認められるか、が問題となったものである。

　裁判所は、社員税理士である間は、税理士法人との間の顧問契約等を解約して、自分が開設する事務所と顧問契約等を締結するように、違法不当な方法で働きかけることは許されない、とした。しかし、脱退後においては、「自由競争に属し自由であるから、当該競業行為が、社会通念上自由競争の範囲を逸脱した違法な態様で元の税理士法人の顧客を奪取したとみられるような場合に限」り、不法行為が成立する、とした。

対策

　税理士業界においては、所属税理士や税理士法人の社員税理士が辞める際に、顧客を引き継ぐ場合には金銭のやり取りがされることが多い。また、顧客の奪取がトラブルになるケースも多い。

　税理士法人において、本件のような紛争を避けるには、税理士法人を設立する際、あるいは社員として就任する際に、脱退後の

顧客への接触や奪取等に関する取り決めをするとともに、脱退時にも合意書により合意事項を確認しておくことである。
　所属税理士ないし社員税理士においては、退職ないし脱退前において勧誘行為をすることは違法となる可能性があるとともに、退職ないし脱退後においても、行き過ぎた奪取行為は違法になる場合があることを憶えておきたい。

◆税理士が税理士法人を脱退し、または所属税理士が退所するに伴って、顧客を奪取したとしてトラブルになるケースが多い。そのようなことがないよう、どのような行為が許され、どのような行為が許されないか、お互いに書面にて合意しておくことが大切である。

第**4**章

税理士に対する損害賠償を防止するために

1 税理士職業賠償責任保険（※2018年1月現在）

(1) 税理士職業賠償責任保険とは

　税理士職業賠償責任保険とは、日本税理士会連合会を保険契約者とし、税理士及び税理士法人を被保険者とする団体契約である。個人用保険と法人用保険の2種類あり、対象は、開業税理士・税理士法人・直接受任業務を行う所属税理士である。

　主契約の内容としては、税理士または税理士法人が、その資格に基づいて行った業務に起因して保険期間中に日本国内で損害賠償請求を受け、法律上の賠償責任を負担したことにより被る損害について、保険金が支払われるものである。

　有料オプションとして、「事前相談業務担保特約」と、「情報漏えい担保特約」がある。事前税務相談業務担保特約を付帯した場合は、主契約の税務相談には該当しない事前税務相談業務による過大納付税額（還付不能税額）・費用損害につき、保険金が支払われる。情報漏えい担保特約を付帯した場合は、「情報の漏えい」または「情報漏えいのおそれ」による賠償・費用損害につき、保険金が支払われる。

　税理士職業賠償責任保険で担保される「業務」とは、被保険者が行う次の①から③までに掲げる業務をいう。被保険者が税理士法人である場合は、税理士法第48条の5の規定に基づいて行う業務のうち次の①から③までに掲げる業務および同法第48条の6の規定に基づいて委託を受けて行う事務をいう。

① 税理士法第2条第1項に規定する税務代理、税務書類の作成および税務相談
② 同法同条第2項に規定する税理士業務に付随して行う業務のうち、財務書類の作成または会計帳簿の記帳の代行（付随する社労士業務などは除かれる）

③ 同法第2条の2に規定する裁判所における補佐人としての陳述

(2) **免責事項**

税理士職業賠償責任保険では、「保険金を支払わない場合」（免責事項）が定められている。概ね次のような場合には、保険金は支払われない。

① 過少申告加算税、無申告加算税、不納付加算税、延滞税、利子税または過少申告加算金、不申告加算金もしくは延滞金に相当する損失につき、被保険者が被害者に対して損害賠償金を負担することによって被る損害に関する損害賠償責任

② 納付すべき税額を過少に申告した場合において、修正申告、更正、決定等により本来納付すべき本税

③ 還付を受けるべき還付金の額に相当する税額を過大に申告した場合において、修正申告、更正、決定等によっても本来還付を受けられなかった税額もしくは本来納付すべき本税、または還付申告が無効とされた場合において、本来還付を受けられなかった税額もしくは本来納付すべき本税

④ ①および②に規定する本税または還付を受けられなかった税額に連動して賦課される本税または還付を受けられなかった税額

⑤ 被保険者の犯罪行為もしくは不誠実行為またはその行為が法令に反することもしくは他人に損害を与えるべきことを被保険者が認識しながら（認識していたと判断できる合理的な理由がある場合を含む）行った行為に起因する賠償責任

⑥ 被保険者が、不正に国税もしくは地方税の賦課もしくは徴収を免れ、または不正に国税もしくは地方税の還付を受けることにつき、指示をし、相談に応じ、その他これらに類似する行為を行ったことに起因する賠償責任

⑦ 被保険者が、故意に真正の事実に反して税務代理または税務書類の作成をしたことに起因する賠償責任

第4章 税理士に対する損害賠償を防止するために

⑧ 被保険者が、日本税理士会連合会に備える税理士名簿に登録を受けず（税理士業務の停止および禁止処分を受けた場合ならびに税理士名簿の登録を取り消され、まつ消され、およびまっ消されるべき場合を含む）に行った行為に起因する賠償責任
⑨ 他人の身体の障害（障害に起因する死亡を含みます。）または財物の損壊、紛失もしくは盗難に起因する賠償責任
⑩ 重加算税または重加算金を課されたことに起因する賠償責任
⑪ 税理士業務報酬（日当、旅費および宿泊料を含む）の返還にかかる賠償責任
⑫ 業務の結果を保証することにより加重された賠償責任
⑬ 情報の漏えいに起因する賠償責任
⑭ 遺産分割または遺贈に関する助言・指導に起因する賠償責任

⑶ **保険金が支払われた事例**

いかなる場合に税理士職業賠償責任保険の保険金が支払われているかを知ることは、保険に加入すべきかどうかの判断に資するものと思われる。そこで、株式会社日税連保険サービス作成の「税理士職業賠償責任保険事故事例（2016年7月1日〜2017年6月30日）から、保険金が支払われた事例の一部を抜粋して掲載する。

以下が保険金が支払われた事例である。

① 「消費税課税事業者選択届出書」提出失念により還付不能消費税額が生じた事例
② 個別対応方式・一括比例対応方式の選択誤りにより過大納付税額が生じた事例
③ ゆうパックにより申告書を提出したことにより期限後申告となり、過大納付となった事例
④ 「住宅借入金等特別控除」と「認定新築住宅等特別税額控除」の適用誤りにより過大納付となった事例
⑤ 交際費等の損金算入限度額の選択を誤ったため過大納付となっ

た事例
⑥ 事前確定届出給与の手続を失念した事例
⑦ 土地の評価を誤って過大評価したことにより相続税が過大納付となった事例
⑧ 「小規模宅地等についての相続税の課税価格の計算の特例」の適用失念により過大納付が生じた事例
⑨ 相続時精算課税選択届出書の提出失念した事例
⑩【事前税務相談】設立初年度の決算期を誤り免税期間が短縮されてしまった事例
⑪【情報漏えい保険】パソコンウイルスに感染し、顧客にメールが送られてしまった事例

―――――― 検 討 ――――――

　税理士職業賠償責任保険の保険金支払い対象となる税理士の業務には、税理士法上の税理士業務ではない経営コンサルティング業務などは含まれない。また、税理士法に規定する業務であっても、付随する社労士業務などは除外されている。
　また、免責事項が規定されており、各種加算税や延滞税についての損害賠償請求では、保険金支払いが免責されている。
　このようなことから、税理士職業賠償責任保険は意味がないと考え、加入を控える税理士もいるようである。
　しかし、保険金が支払われる事例を見ると、消費税課税事業者選択届出書の失念など、ヒューマンエラーが発生しやすい事例において支払われていることがわかる。
　税理士職業賠償責任保険に加入するかどうかは任意であるが、検討に値するものと考える。

第4章 税理士に対する損害賠償を防止するために

◆本書執筆段階で、税理士職業賠償責任保険に加入する税理士は、約50％程度である。保険加入するかどうかは、噂等に左右されるのではなく、税賠保険の内容及び保険金が支払われた事例などをよく理解した上で検討すべきである。

2 契約書による税賠防止法

(1) 裁判所による判断構造

過去の裁判例を検討すると、裁判所が税理士の損害賠償責任（委任契約に基づく債務不履行の場合）を検討するにあたり、次の6点が争点となることが多い。

① 税理士と依頼者との間で委任契約が成立したか（契約成立の有無）
② 問題となった作為又は不作為は、税理士の委任契約に基づく義務に属するか（業務範囲の問題）
③ 業務範囲であるとして、税理士は、どこまでの注意義務を負っているか（注意義務の程度の問題）
④ 依頼者に発生する損害について、税理士は予見が可能であり、かつ、結果を回避することが可能であったか（予見可能性と結果回避可能性）
⑤ 税理士は、注意義務を果たしたか（特に説明助言をしたかどうか、で争いになることが多い）
⑥ 依頼者に生じた損害額は、いくらか

裁判においては、立証責任があり、立証責任を負担する者が事実を立証できないときは、その事実はないものとして扱われてしまう。したがって、裁判において争点となる点については、注意することはもちろんであるが、同時に、後日裁判になったときに立証できるようにしておくことも重要である。

(2) 契約書の機能

筆者の経験上、業務を受託するにあたり、委任契約書を締結しない税理士がまだ多数いるように思われる。契約書を締結している税理士の場合、契約書締結の目的は、次の2点であると思われる。

第4章 税理士に対する損害賠償を防止するために

① 業務の範囲を明確にする
② 報酬を取り決める

しかし、税理士の委任契約書には、③関与先からの損害賠償請求に備える、という重要な機能があることを指摘したい。

契約書は、税理士と関与先の法的な関係を規律するものである。税理士にどのような権利と義務があり、関与先にどのような権利と義務があるのか、を記載する。その記載内容によって、関与先から税理士に対する損害賠償請求という法的権利が成立するかどうかが影響を受けることになる。

前述のように、税理士損害賠償事件において、裁判所で争点となりやすいのは、次の6点である。

① 税理士と依頼者との間で委任契約が成立したか（契約成立の有無）
② 問題となった作為又は不作為は、税理士の委任契約に基づく義務に属するか（業務範囲の問題）
③ 業務範囲であるとして、税理士は、どこまでの注意義務を負っているか（注意義務の程度の問題）
④ 依頼者に発生する損害について、税理士は予見が可能であり、かつ、結果を回避することが可能であったか（予見可能性と結果回避可能性）
⑤ 税理士は、注意義務を果たしたか（特に説明助言をしたかどうか、で争いになることが多い）
⑥ 依頼者に生じた損害額は、いくらか

このうち、①②③⑥および⑤のうち、説明助言の有無については、契約書を締結し、かつ、契約書その他の書類に明確に記載することによって、後日の立証が可能になる。つまり、契約書により、次のような立証ができることになるだろう。

① 税理士業務を受任する際は、必ず契約書を締結することにより、

①誰との間で、②どのような契約が成立したか、また、反対に契約書を締結しない者との契約の不存在について立証を助けることになる。
② 契約書に業務範囲を明確に記載することにより、契約書に記載されていない業務を委任契約の範囲外と立証することができる。
③ 委任業務における資料の提供責任や責任分担を明記することにより、税理士の注意義務の程度について立証することができる(税理士の注意義務を無限定にしない)。
④ 税理士が必要な説明や助言をしたかの争いは、税理士が説明助言すべき事項を契約書にある程度記載しておくことで防止することができる。
⑤ 税理士が負担する損害賠償義務の上限額を定めることにより、巨額の賠償を防ぐことができる。

さらに、委任契約はいつでも解約できることが前提となるが、契約書に中途解約自由の条項を入れておくことにより、資料不十分や違法業務の依頼などの際に、トラブルなく中途解約をすることができる、などの機能もある。

また、契約書は、税理士と関与先の関係が続く間、頻繁に書き換えられるものではない。委任契約が成立する際に双方が記名捺印して契約内容が確定すると、その後は参照されることは少ないし、契約書の条項が変更されるのは、委任業務の範囲が変更になるか、報酬額が変更になるか、あるいはマイナンバー法の施行など、法改正があるような場合に限定されるのが通常である。したがって、契約開始時に、契約書をしっかり作成しておけば良い、という意味で、税理士にとっても負担の少ない損害賠償請求への備え、ということができるであろう。

(3) 行う業務を明確に記載する

契約書においては、税理士が受任した業務を明確に記載する必要がある。「業務」というのは、税理士が、①誰の、②どの範囲の事務に

ついて、受任業務を行う義務があり、また、どの業務を行う義務がないか、を明確にすることである。

　この業務の範囲を明確にすることにより、契約書に記載されていない業務について、税理士に対する損害賠償請求を回避することが可能になる。

　もし、契約書で業務範囲が不明確な場合には、関与先から、「それも含めて税理士に依頼しました」と主張される可能性があるからである。

　たとえば、「業務の範囲」の「誰の」という点は、特にグループ会社がある場合や法人と顧問契約を締結している時の役員の税務相談などで問題となる。

　グループ会社の1社と契約書を締結していた税理士が、契約書を締結していない関連会社に対して税務上の助言をしたところ、想定外の法人税が課税されたとして、損害賠償を請求された事例で、東京地裁平成12年6月23日判決は、契約書を締結していない関連会社との顧問契約も成立していたと認定し、税理士に対する損害賠償請求を認めた。

　契約書が締結されていないのであるから、契約書に規定された税理士を守るための条項は適用されない。したがって、グループ会社の場合、業務を行う以上は、必ず1社毎に契約書を締結した方がよい。

　次に「どの範囲の業務を行う義務があり、また、どの業務を行う義務がないか」についてであるが、業務の範囲を明確にすることは、税理士の義務を限定することにつながる。依頼された業務の範囲については、書面で明確にしておかないと、依頼者が認識している業務範囲と、税理士が認識している業務範囲が異なっている場合がある。その場合、依頼者が期待した業務を行わなかった、ということになるので、紛争に発展することがある。

　過去の判例で、税理士に節税指導義務があるかどうかが争われた事

案で、税理士の節税指導義務を認めたものに、東京地裁平成10年9月18日判決、東京地裁平成27年5月28日判決などがある。

反対に、税理士の節税指導義務を否定したものに、東京地裁平成24年3月30日判決があるが、この税理士の節税指導義務を否定した判決で重視されたのは、契約書の委任業務の記載が明確であったことから、節税指導義務が含まれないと解釈されたことである。

ここで重要なことは、業務を「明確に」規定することである。税理士の中には、顧客から好印象を得ようとして、業務の中に「経営コンサルティング業務」などと記載する場合がある。しかし、この記載があると、経営の内部に立ち入ってコンサルティングをする「法的な義務」が発生してしてしまうことになる。そして、経営コンサルティングの範囲に、消費税に関する積極的な助言義務などが含まれると解釈される可能性もある。したがって、契約書においては、法的に義務として考える業務のみを明確に記載し、それ以外の業務を記載しないことに注意しなければならない。

(4) 責任分担を明確にする

裁判所は、税理士に対し、専門家として高度の注意義務があることを前提として、税理士の注意義務違反について判断する。そこで、契約書において、税理士が負担する注意義務の程度の基準を規定しておくことで、税理士の責任を無限定に拡大しないようにすることが可能である。

たとえば、税理士が業務を行う上では、業務の遂行に必要な資料は誰の責任において依頼者から税理士に提供されるか、という点について、契約書に、「委任事務の遂行に必要な資料等を提供する責任は依頼者にある」と規定しておくことが考えられる。前述の税理士の節税指導義務を否定した東京地裁平成24年3月30日判決において、節税指導義務を否定した理由の一つとして上記規定が契約書に記載してあったことを挙げている。

その他、消費税申告業務を受託するのであれば、消費税の簡易課税か本則課税かの選択の判断に影響を与えるような取引を列記して、それらの事実が生じるときは、依頼者の責任において税理士に説明し資料を提供することとし、税理士から積極的に調査する義務を負わないような規定を定めたり、会社の業務と業務関連性がある資料のみを税理士に提供するような義務を定めるなど、契約書において責任分担を定める規定は様々考えられるだろう。

このような責任分担規定により、依頼者と税理士の責任範囲を明確にし、紛争を回避するとともに、税理士が広範な責任を限定することができると思われる。

(5) 説明助言義務を立証する

税理士は、善管注意義務に基づき、依頼者に対して関連税法及び実務に関して、有益な情報及び不利益な情報提供し、依頼者が適切に判断できるように説明及び助言をしなければならない。これを税理士の説明助言義務と言う。

この説明助言義務については、税理士が①説明助言義務を負うか、②説明助言義務を負うとして、説明助言したかどうか、で争われることになる。「税理士が説明助言したかどうか」については、税理士が「説明した」と主張し、依頼者が「説明を受けていない」と主張することになり、裁判所は証拠に基づいて判断する。税理士が実際に説明助言をしていたとしても、裁判において、説明助言をしたことを立証できない限り、税理士が敗訴する可能性がある。

したがって、税理士が無用の損害賠償請求を防止するためには、説明助言したことを証拠化して残しておくことが重要である。そこで、証拠化の一つの方法として、契約書の中に、定型的な説明助言を規定しておく方法が考えられる。

たとえば、消費税申告業務を受託する時には、契約書の中に、消費税の選択判断に影響を与えそうな事項（不動産の譲渡や設備投資の有

無など）を列記しておき、それら事実が生じ、あるいは予定するときには、依頼者の方が税理士に申告するよう義務化しておくようなことが考えられるし、相続税申告業務を受託する際には、契約書に納期限、現金納付の原則、延納、物納の手続などを記載しておいたり、資料開示不十分の場合には加算税や延滞税などの不利益が生ずる可能性がある旨の説明を記載しておくことなどが考えられるだろう。

　契約書に説明助言を記載しておけば、両者が記名押印をすることから、説明助言についての立証は容易になるものと考えられる。

(6)　損害賠償額の上限規定

　税理士が善管注意義務を怠り、損害賠償責任を負担する場合に、賠償額が巨額になることを防止するため、税理士が負担する損害賠償額の上限金額を契約書に規定することがある。たとえば、「乙が甲に対して損害賠償義務を負担するときは、その損害賠償の範囲は、債務不履行又は不法行為があったときの属する年の税理士報酬の合計金額を限度とする。」というような規定である。

　このような損害賠償の上限金額を規定することは、契約自由の原則から有効と解釈される。しかし、一方的な契約とみなされるときは、公序良俗に違反して無効とされる場合もある。

　税理士と法人とが顧問契約を締結する場合には、力関係として、特に税理士が強い関係にあるとは思われない。したがって、対等関係にある者同士の契約であるとして、一般的にこの損害賠償の上限金額条項が公序良俗に反するとして無効になることはないものと思われる。

　しかし、何点か注意を要する点について説明をする。

　税理士の委任契約書の事例ではないが、システム開発契約書などにおいて、損害賠償の上限条項の有効性が争われた事例が存在する。システム開発契約は、請負契約と認定される場合と準委任契約と認定される場合があるが、かかる契約書には、損害賠償の上限条項が記載されることが多く見られ、裁判所において、損害賠償の上限条項の有効

性が争われた事例がいくつもある。

　税理士と依頼者との契約が委任契約と解釈されていることからすると、システム開発契約において損害賠償の上限規定が争われた事例は参考になると思われる。

　東京地裁平成26年1月23日判決（判例時報2221号71頁）を紹介する。

　この事例は、システムの設計、保守等の委託契約を締結したところ、システムから顧客の個人情報が流出してしまい、委託者が損害を被ったとして、システム開発会社に損害賠償を請求したものである。

　システム開発の委託契約書には、次の条項が記載されていた。

　「乙が委託業務に関連して、乙又は乙の技術者の故意又は過失により、甲若しくは甲の顧客又はその他の第三者に損害を及ぼした時は、乙はその損害について、甲若しくは甲の顧客又はその他の第三者に対し賠償の責を負うものとする。(1項)

　前項の場合、乙は個別契約に定める契約金額の範囲内において損害賠償を支払うものとする。(2項)」

　委託者側は、この条項は、本件には適用されないとして争ったところ、裁判所は、この損害賠償の上限条項は、「権利・法益侵害の結果について故意を有する場合や重過失がある場合（その結果について予見が可能かつ容易であるといった故意に準ずる場合）にまで同条項によってYの損害賠償義務の範囲が制限されるとすることは、著しく衡平を害するものであって、当事者の通常の意思に合致しないというべき」である。したがって、損害賠償の上限条項は、「Yに故意又は重過失がある場合には、適用されない」と判示した。

　つまり、本件では、この条項が適用されない、と判断したものである。

　また、**東京地裁平成25年7月24日**（判例タイムズ1403号184頁）は、弁護士や公認会計士を従業員とするフィナンシャルアドバイザリーを業務とする株式会社とのアドバイザリー契約において、損害賠

償額を業務委託報酬の範囲に限定する条項があった事案において、「本件アドバイザリー契約は、受託者が事業再生の場面において助言を提供するに当たり、損害賠償額が巨額になる可能性があることから、その賠償額を業務委託報酬の範囲に限定するというものであり、その趣旨に照らすと、本件責任制限合意は、被告に故意又は重大な過失がある場合には適用されないものと解するのが相当である」として、損害賠償額の上限条項は、故意又は重過失がある場合には適用されない、と判示した。ただし、当該事案では、重過失はない、とした。

したがって、損害賠償額の上限条項を定めたとしても、税理士に故意又は重過失がある場合には、当該条項は適用されない、と判断される可能性がある。

また、**東京地裁平成16年4月26日判決**は、開発業務等委託契約に基づき、リース管理システムを構築する等の業務を委託したところ、業者が、従前のシステムプログラムを消失させたこと等の債務不履行を理由に損害賠償を求めた事案である。

本件で、契約書には、次の条項が規定されている。

「Yの責めに帰すべき事由により、Yの債務を履行できなかった場合には、XはYに対し、委託金額を上限として損害賠償を請求することができる。ただし、Yは、Xの間接的・派生的な損害については、一切の責任を負わない」

そして、委託金額は、500万円であった。

この事例においては、裁判所は、「新システムの開発は、Yが3000万円から4000万円くらい要求してもおかしくない内容と考えていたこと、Xから追加変更の要望が相次ぎ、Yは追加分について請求する予定であったこと、Yは、新システム開発に関し、人件費として5000万円以上の損失を出していること、新システムについては、改めてヒアリングをした結果、Yが8500万円の見積を出していることからすると、本件契約における契約金額は、低廉にすぎると思われ、

したがって、損害賠償の上限を、追加部分さえ含まない本件契約における委託金額の500万円とすることは、信義公平の原則に反するというべきである。よって、本件特約については、Yが作成しようとしていたシステムの出来高を上限とし、また、Yは、Xの間接的・派生的な損害については、一切の責任を負わないという限度で有効と解すべきである。」と判示した。

この判決は、損害賠償金額の上限条項は、一般的には有効であるが、上限金額が低すぎるときには、その限度で無効になることがあることを示したものである。

したがって、税理士の契約書の場合にも、損害賠償義務を全て免除したり、賠償金の上限を低すぎる金額にする場合には、無効と判断される可能性がある。

次に、法律によって、損害賠償の上限条項が一定の制約を受ける場合がある。

消費者契約法は、消費者と事業者との間の情報の質及び量並びに交渉力の格差に鑑み、消費者の利益を擁護することを目的とする法律である。消費者契約法は、消費者と事業者との契約関係に適用される法律であるが、この法律にいう「事業者」とは、法人その他の団体及び事業として又は事業のために契約の当事者となる場合における個人をいう（消費者契約法第2条）。そして、税理士は、消費者契約法における「事業者」と解されている。

したがって、税理士が、消費者と委任契約を締結するときは、消費者契約法の規制を受けることになる。

法人は消費者ではないから、税理士と法人との顧問契約や、事業を営んでいる個人との委任契約は、消費者契約法の適用外である。しかし、相続税業務は、個人との契約であり、消費者契約であるし、非事業者の個人確定申告も消費者契約となり、消費者契約法の規制を受ける。

損害賠償の上限規定が規制を受けるのは、消費者契約法第8条による。

消費者契約法第8条は、次のように規定する。
「　次に掲げる消費者契約の条項は、無効とする。
一　事業者の債務不履行により消費者に生じた損害を賠償する責任の全部を免除する条項
二　事業者の債務不履行（当該事業者、その代表者又はその使用する者の故意又は重大な過失によるものに限る。）により消費者に生じた損害を賠償する責任の一部を免除する条項
三　消費者契約における事業者の債務の履行に際してされた当該事業者の不法行為により消費者に生じた損害を賠償する責任の全部を免除する条項
四　消費者契約における事業者の債務の履行に際してされた当該事業者の不法行為（当該事業者、その代表者又はその使用する者の故意又は重大な過失によるものに限る。）により消費者に生じた損害を賠償する責任の一部を免除する条項。」

1号は、債務不履行による損害賠償責任を全部免除する条項は無効となる旨規定する。したがって、税理士の委任契約において、債務不履行による損害賠償責任を全部免除する消費者契約は無効となる。3号は、同旨を不法行為による損害賠償責任について定めている。

2号は、債務不履行による損害賠償責任について、故意又は重過失に基づく場合には、一部免除する規定が無効になる旨規定する。4号は、同旨を不法行為による損害賠償責任について定めている。したがって、税理士の消費者契約において、一部免除条項が有効となるのは、故意又は重過失によらない通常の過失の場合のみ、ということになる。

税理士が相続税業務等の消費者契約を締結する際は、この消費者契約法第8条に注意し、無効となるような条項にならないよう注意が必要である。

たとえば、「甲又は乙が相手方に対して損害賠償義務を負担するときは（故意または重過失による場合を除く）、その損害賠償の範囲は、

本契約に基づく税理士報酬の合計金額を限度とする。」というように規定することが考えられる。

◆過去の裁判例を検討すると、契約書を整備しておくことによって税理士に対する損害賠償を回避できたのではないか、と思われる事例がある。税理士としては、損害賠償請求を回避し、無用な紛争を回避するため、次のことに留意すべきである。
① 業務を行う際は、必ず契約書を締結する。
② 契約書で業務範囲を明確かつ限定的に記載する。
③ 契約書で依頼者との責任分担を明確にしておく。
④ 説明助言すべきことを予め契約書に記載しておく。
⑤ 中途解約条項を入れておく。
⑥ 損害賠償額の制限規定は、法律判例に沿って適切に規定する。

3 証拠化による税賠防止法

　説明助言義務違反に基づく損害賠償責任を防止するために、説明助言すべき事項を契約書に記載する、という方法は前述したが、税理士が業務上説明助言すべき事項を全て契約書に記載することは現実的ではない。

　そこで、契約書とは別紙により、説明助言をし、かつ、説明助言したことを証拠化しておくことを検討されたい。

　税理士に対する損害賠償訴訟において、税理士の説明助言義務違反が争点となる場合、税理士は「説明した」と主張し、依頼者が「説明を受けていない」と主張することになるが、裁判所は証拠に基づいて判断するため、書類等の証拠がないときは、税理士は説明助言したことを立証できず、敗訴する可能性がある。

　したがって、説明助言したことについては、できる限り書面等の証拠化をしておくことが望ましい。

　過去の判例では、相続税業務において、国外財産が相続財産であることを説明しなかった事例、重加算税等の不利益について説明しなかった事例、納期限や延納手続について説明しなかった事例などがある。これらについては、一般的な説明であり、説明書面を渡してさえおけば全て回避できるものである。方法としては、契約に伴って必ず説明するような事項は定型の書面化をし、委任契約と同時に交付し、説明の上、受領印を得ておくことが望ましい。

　たとえば、相続税業務を受任するのであれば、以下の事項についてわかりやすく説明した書面を準備しておくことが考えられる。

　説明書面に記載すべき項目として、次のようなものが考えられる。

・財産の範囲（負債）
・名義財産

- 国外財産
- 生前に贈与を受けた財産
- 生命保険の有無
- 相続放棄の有無
- 相次相続控除について
- 相続時精算課税制度について
- 準確定申告について
- 申告期限について
- 未分割申告の税額軽減など特例の説明
- 「3年内分割見込書」、延長のための「承認申請書」や遺産分割協議成立後の更正の請求について
- 現金納付・延納・物納
- 障害者控除について
- 脱漏の場合の加算税等の不利益
- 連帯納付義務
- 相続人の消費税の納税義務発生の可能性

　このような説明書面を交付した証拠を残しておけば、説明助言義務違反による損害賠償請求を相当程度回避できると思われる。

　また、契約時に説明できないことであっても、業務の過程で説明助言したことについては、口頭で行った場合は、後で内容確認のメールを送っておくとか、業務日誌に書いておくとか、あるいはFAXで送っておくなど、日々証拠化に努力されたい。

　税理士法第33条の2の書面添付制度も業務の証拠化にとって有用である。この場合、参照した書類や聞き取り結果、思考過程などをできるだけ詳細に記載しておくことが望ましい。

◆税理士が注意義務を尽くし、かつ、説明助言を尽くしたとしても、裁判では敗訴する可能性がある。裁判では、立証できない事実は不存在として認定されてしまうためである。したがって、税理士は、自ら行った業務、依頼者への説明助言、依頼者からの承諾などについて、可能な限り書面にて証拠化しておくことが大切である。また、税理士法第33条の2の書面添付制度の利用も検討に値する。

第4章 税理士に対する損害賠償を防止するために

4 債務免除による税賠防止法

　税理士に対する損害賠償請求権は、税理士の行為が債務不履行ないし不法行為の法律要件を満たせば成立し、税理士は損害賠償債務を負担する。しかし、実際に税理士が損害賠償債務を弁済することになるかどうかは、依頼者が請求するかどうかにかかっている。そして、依頼者としては、損害賠償請求権を放棄し、税理士に対して請求しないこともできるし、税理士の損害賠償支払い債務を免除することもできる。民法第519条は、「債権者が債務者に対して債務を免除する意思を表示したときは、その債権は、消滅する。」と規定する。これが「債務免除」である。

　したがって、一旦成立した税理士の損害賠償支払い債務を依頼者から免除する意思表示をしてもらうことも税賠防止法の一つとなる。

　東京地裁平成18年4月18日判決（TAINZ　Z999-0105） は、過年度所得税の確定申告手続を処理した税理士及びその履行補助者に対し、同人らが不動産所得の計算上、減価償却費を法令上の限度額よりも少額に算入して税務申告した結果、税の過納付が生じたと主張して、不法行為に基づく損害賠償請求を行ったという事案である。

　この事案において、依頼者らは、税理士らに対し、「昭和五十九年度白色不動産所得税申告時に●の将来を考え昭和六十年度より青色専従者給与の取得等種々の相談をし、最善の方法として定額法を採用したのであり、Aマンションに関する一切を私、●が申告人●の代理として承諾して処理したことであり、昭和五十九年度申告と以後の申告所得に関する件は税理士●2氏及職員●氏に責任を帰するものではない事を証明いたします。」という誓約書や「今後いかなる事がありましても、●先生並びに旧職員の●様には、それらの処理に於いて一切の責任を負わないとすることを、ここに文書にて証明いたします」

などの誓約書が作成されていた。

　この事案において、裁判所は、依頼者は、仮に裁判になった場合において、同差額が依頼者にとっての損害として認められる場合があり得ることを認識しつつ、税理士らの損害賠償債務を負うという事態の発生を回避する目的の下に、本件誓約書を作成、交付したのであるから、損害賠償義務の免除の意思表示と認められるとし、本件誓約書は債務免除の意思表示であるとした。そして、「債務免除の意思表示は、必ずしも債務の存在を確定的に認識していなくとも、」その「程度の債務発生の可能性に対する認識があれば有効になし得る」とした。

　したがって、依頼者からの債務免除の意思表示は、必ずしも依頼者に現実に損害が発生して、具体的な損害を認識してから行う必要はなく、ある程度の損害賠償請求権発生の可能性を認識していれば、有効となる可能性が十分あると言える。

　その観点からは、税理士が注意義務違反をして依頼者に損害を発生させ、あるいは発生させる可能性がある場合でも、依頼者から損害賠償支払い債務を免除する旨の書面を取得できるよう努力することも税賠防止の一つの方法といえる。

◆税理士がミスをし、損害賠償責任が法律上発生しても、実際に賠償金を払うことになるかどうかは、依頼者次第である。依頼者から損害賠償義務の免除を受ければ、法律上、賠償義務は消滅するので、可能な場合には、免除書面を取得するよう努力することも有効である。

第4章 税理士に対する損害賠償を防止するために

5 チェックリストの活用

　過去の裁判例を検討すると、税理士が思い込みによって業務を行ったことにより、思わぬミスにつながっているのではないか、と思われる事案が複数ある。業務の過程で念のため条文等を確認することによってミスを回避できた、という経験がある読者も多いと思う。

　このような思い込みによるミスを防止する一つの方法は、業務のチェックリストを作成、業務遂行過程で必ずチェックリストを確認することである。それにより、漏れや間違いを相当程度防止することができるだろう。

　国税庁のホームページには、資産税（相続税、贈与税、財産評価及び譲渡所得）関係のチェックシートがあるので、それらを利用したり、株式会社日税連保険サービスのホームページで提供されている各種申告チェックリストを活用するなど、ミスを防ぐ業務フローを構築することが大切である。

6 / 職員の教育

　税理士が全ての業務を自ら行う場合には問題ないが、職員を雇用し、職員に業務を行わせる場合も多いと思われる。税理士資格を有しない職員には税理士法の多くの規制は及ばないが、職員の行為の責任は、職員を雇用する税理士の責任に帰する。したがって、職員が故意または過失により依頼者に損害を与えないよう注意する必要がある。

　まず、税理士法の多くの規定が適用されない職員に、職業上の義務や禁止義務を負わせるため、入社時の誓約書を徴求するとともに、就業規則で服務規律や禁止事項を懲戒規定とともに整備することが有用である。

　入社時の誓約書としては、秘密保持誓約書を取得している例は多いと思われるが、秘密保持に限らず、次のような遵守事項や禁止事情を記載しておくことが考えられる。

- 顧客からの個人的な贈答・供応の禁止
- 業務に関するSNSの禁止
- 事務所及び顧客の誹謗中傷の禁止
- 退職後の顧客への接触行為の禁止
- 顧客の他事務所への契約変更の勧誘行為の禁止
- 従業員の引き抜き行為の禁止
- 退職後も業務引継に協力すること

　また、職員の業務内容を把握し、ミスを防止するため、職員から日々の業務内容について日報等の書類提出を検討することが望ましい。

　さらに、定期的に所内で職員に対し教育研修をする等、意識の向上に努めることも重要である。

第4章 税理士に対する損害賠償を防止するために

◆税理士でない職員に税理士と同様の意識と責任感で業務に臨んでもらうためには、労働契約において義務化するとともに、日常の教育指導で意識の向上に努めることが重要である。

第5章

◆

損害賠償請求を受けたとき

第5章 損害賠償請求を受けたとき

1　発覚の端緒

　税理士に対する損害賠償請求発覚の端緒としては、(1)税理士が自分で気づくケース、(2)依頼者から指摘されるケース、(3)税務署から指摘されるケース、の3つがある。

　依頼者から指摘されるケースとしては、依頼者が自ら発見するケースや他の税理士が検討した結果、税理士がミスを発見するケースなどがある。税務署から指摘されるケースで多いのは、税務調査で指摘される場合である。

　いずれにしても、慌ててミスを認めて依頼者に損害賠償金を支払うことは避けなければならない。税理士の損害賠償責任が成立するためには、債務不履行ないし不法行為の法律要件に該当することが必要であるし、場合によって依頼者の損害を減らしたり、なくしたりすることができるかもしれない。また、依頼者に過失がある場合には、過失相殺によって、依頼者に生じた損害の全てを支払う必要はない。

　税理士に対する損害賠償責任が発生する事実が生じた場合には、落ち着いて正しいプロセスを辿ることである。それによって、いたずらに損害が拡大することを防ぐことができる。

2　事実を確認する

　税理士に対する損害賠償請求が発覚したときに、まず行うことは、事実の確認である。事実と評価を明確に分け、「何が起こったか」という事実のみを時系列にするのである。そうすると、客観的に事案を見ることが可能になる。

　また、後日、弁護士や保険会社に事案の内容を相談する際も、事実と評価が混在していると理解を得にくい。したがって、できる限り客観的に事実のみを時間や場所、登場人物などとともに時系列でのメモを作成することになる。

3　証拠の収集

　時系列メモを作成したら、次は、証拠の収集である。後日裁判になった時は、「何があったのか」という事実は、証拠によって判断される。過去の裁判例では、税理士が「説明した」と主張したにもかかわらず、裁判所が説明していない、と認定し、税理士が敗訴したものがあることからもわかるとおり、証明できない事実は裁判所では認定されないことがあることを認識しなければならない。

　そこで、時系列メモを作成したら、その事実を証明する証拠を収集し、事実と証拠とを紐付けておくことが重要である。もし、証拠が依頼者の元にあるならば、できるだけ早い段階で依頼者から証拠を得ておくことである。依頼者との関係が悪化したり、依頼者に弁護士が代理人として就任した後は、証拠を手に入れるのが困難になるからである。

　また、担当したのが職員である場合には、その職員に事実関係のメモを作成させ、署名捺印を得ておくことも検討してよい。後日裁判になった場合には、当該職員が証人となるが、職員が退職等した場合には、証人として出廷してもらえなくなる可能性もあるためである。

4　法律通達、裁判例の検討

　事実関係を整理し、証拠を収集したら、次に行うべきは、法律や通達、国税庁のQ&A、裁決例、裁判例等の検討である。今回、どの法律に違反したかどうかが問題となっているのか、その法律要件は何か、を正確に把握しておく必要がある。そして、過去に争われた事例において、税理士にどの程度の注意義務が課されているか、などを調査し、当該事案に当てはまるかどうか、検討することが必要となる。

5　更正の請求、錯誤の主張、事業年度の変更

　以上の検討により、税理士の注意義務違反が認められ、損害賠償責任が発生することが明らかになったら、依頼者の損害をできる限り少なくすることを検討することになる。

　場合によっては更正の請求、錯誤無効の主張、事業年度の変更（消費税の場合）、課税期間の短縮（消費税の場合）などにより、依頼者に発生する損害をなくし、あるいは減らすことができる可能性がある。

　特に、更正の請求については、東京高裁平成15年2月27日判決は、「税理士は、顧問契約の依頼者が、過去の過大な所得申告をしていたことを発見した場合には、その依頼者に対し、減額更正の請求（いわゆる嘆願）をすべきことを助言・指導する法的義務があった」として、更正の請求をするのは、税理士の助言指導義務である、としている。

　錯誤に関しては、民法第95条は、「意思表示は、法律行為の要素に錯誤があったときは、無効とする。」と規定している。この規定によって元となる法律行為を無効にし、その法律行為を前提として発生する税負担をなくす、という方法である。

　過去の裁判例では、最高裁平成元年9月14日判決は、「財産分与に伴う課税関係の点を重視していたのみならず、他の特段の事情がない限り、自己に課税されないことを当然の前提とし、かつ、その旨を黙示的には表示していた」場合には錯誤を認めうる可能性があることを判示している。そして、その差し戻し審で、東京高裁平成3年3月14日は、財産分与契約の錯誤無効を認めた。

　しかし、高松高裁平成18年2月23日判決（TAINS　Z888-1239）は、「納税義務者は、納税義務の発生の原因となる私法上の法律行為を行った場合、当該法律行為の際に予定していなかった納税義務が生じたり、当該法律行為の際に予定していたものよりも重い納税義務が生じることが判明した結果、この課税負担の錯誤が当該法律行為の要素の錯誤

に当たるとして、当該法律行為が無効であることを法定申告期間を経過した時点で主張することはできないと解するのが相当である」として、法定申告期限経過後の錯誤主張を認めていないことに注意を要する。

また、申告書の記載内容に関する錯誤については、最高裁昭和39年10月22日判決は、「所得税確定申告書の記載内容についての錯誤の主張は、その錯誤が客観的に明白かつ重大であって、所得税法の定めた過誤是正以外の方法による是正を許さないとすれば納税義務者の利益を著しく害すると認められる特段の事情がある場合でなければ許されない」としている。過去の裁判例では、京都地裁昭和45年4月1日判決が、合併会社が被合併会社の株主に対する利益の配当として被合併会社の株主に交付する金銭が清算所得に含まれないとの見解の下に、合併会社も被合併会社も申告納税した後、右金銭は法人の清算所得に含まれるとの国税局職員の指導により、合併会社が錯誤におちいり、右金銭を清算所得として記載した法人税確定申告書を提出した場合、確定申告書の記載内容の錯誤が客観的に明白かつ重大であって、法定の方法以外にその是正を許さないならば、納税義務者の利益を著しく害すると認められる特段の事情がある場合に該当すると解するのが相当である、としたものがある。

また、東京地裁平成21年2月27日判決（TAINS　Z888-1414）は、被相続人の妻が取得する本件同族会社の株式の価額につき、配当還元方式による評価を前提として第一次遺産分割をし、相続税の申告をした後に、配当還元方式の適用を受けられず、類似業種比準方式による高額の租税負担となることが確認されたため、配当還元方式の適用を受けられるように各相続人が取得する株式数を調整した上で新たな遺産分割の合意に基づき、更正の請求期間内に原告らが更正の請求又は修正申告をした事案である。この事案で、裁判所は、分割内容自体の錯誤と異なり、課税負担の錯誤に関しては、それが要素の錯誤に該当

する場合であっても、申告納税制度の趣旨・構造及び税法上の信義則に照らすと、申告者は、法定申告期限後は、課税庁に対し、原則として、課税負担またはその前提事項の錯誤を理由として当該遺産分割が無効であることを主張することはできず、例外的にその主張が許されるのは、分割内容自体の錯誤との権衡等にも照らし、①申告者が、更正請求期間内に、かつ、課税庁の調査時の指摘、修正申告の勧奨、更正処分等を受ける前に、自ら誤信に気付いて、更正の請求をし、②更正請求期間内に、新たな遺産分割の合意による分割内容の変更をして、当初の遺産分割の経済的成果を完全に消失させており、かつ、③その分割内容の変更がやむを得ない事情により誤信の内容を是正する一回的なものであると認められる場合のように、更正請求期間内にされた更正の請求においてその主張を認めても弊害が生ずるおそれがなく、申告納税制度の趣旨・構造及び租税法上の信義則に反するとはいえないと認めるべき特段の事情がある場合に限られるものと解するのが相当である、として、錯誤無効を認めた。

6 弁護士、保険会社への相談

　税理士職業賠償責任保険では、事故があったことを知ったときには、遅滞なく保険会社に報告をしなければならないと定められている。したがって、税賠保険に加入している税理士が事故があったことを知ったら、すぐに保険会社に報告しなければならない。

　次に、税理士が損害賠償責任を負担するかどうかについては、法律問題である。税理士は、税法の専門ではあるが、債務不履行や不法行為を規定する民法の専門家ではない。そして、損害賠償義務が成立するかどうかは、事実認定、法律の解釈適用という法律の専門的知識がなければ判断することができない。

　したがって、自らの損害賠償責任が問題となったときは、法律専門家である弁護士に相談することが望ましい。その際には、すでに作成

した時系列表、証拠との対比表などとともに、依頼者との契約書を忘れずに持参することである。また、弁護士は税法に精通しているとは限らないので、当該事案において問題となる税法・通達・調査した判例等を持参し、弁護士の理解を得やすくした上で相談することが望ましい。

◆税理士が損害賠償の請求を受けたとき、その請求が明らかに誤りであるような場合には問題がないが、税理士のミスの可能性があるような場合には、ただちに弁護士に相談し、何を準備し、どのように行動すべきかを協議することが望ましい。

/プロフィール

谷原 誠（たにはら まこと）

1968年生まれ。明治大学法学部卒業。
弁護士、税理士。
弁護士法人みらい総合法律事務所代表社員。
税理士法人プレシャス代表社員。
税理士損害賠償関係では、「賠償請求の対応」（税経通信2011年8月号）、「税理士に対する損害賠償請求に対する対応と予防策～クライアントと契約書を締結する際の注意点」（税経通信2016年8月号）、その他、実務書、ビジネス書など著書多数。

税務のわかる弁護士が教える
税理士損害賠償請求の防ぎ方

| 平成30年4月30日　第1刷発行 |
| 平成31年1月31日　第3刷発行 |

　　著　者　　谷　原　　誠

　　発　行　　株式会社ぎょうせい

〒136-8575　東京都江東区新木場1-18-11
電話　編集　03-6892-6508
　　　営業　03-6892-6666
　　　フリーコール　0120-953-431

〈検印省略〉

URL：https://gyosei.jp

印刷　ぎょうせいデジタル㈱　　　©2018 Printed in Japan
※乱丁・落丁本はお取り替えいたします。

ISBN978-4-324-10478-1
(5108416-00-000)
〔略号：弁護士税賠〕